台湾を目覚めさせた男

児玉源太郎

木村健一郎
Kimura Kenichirou

梓書院

はじめに

台湾の李登輝・元総統が97歳で生涯を終えられたのは、昨年2020年7月30日のことだった。いずれこの日がやって来ると思っていたものの、感慨深いものがあった。

一党独裁だった台湾を一滴の血を流すこともなく「民主・自由」の国に変貌させた李登輝・元総統は、私が最も尊敬する政治家だった。我が家の書棚には、著作も含め李登輝さんに関する本がずらりと並んでいる。

1895年から1945年までの間、台湾は日本の国の一部だった。日本の敗戦によって、台湾の人たちの国籍は中華民国となった。大陸から渡ってきた蒋介石によって、日本統治時代の50年間の歴史は長い間封印されていた。

「日本統治時代に台湾の近代化が進められたこと」を学校で教えるようになったのは、1988年に総統に就任した李登輝さんの下で教育改革が行われてからのことだ。それまでの教育の内容はむしろ反日的だった。

山口県議会議員選挙への出馬を決めた2002年、憧れの李登輝さんに初めてお会いする機会を得た。

「ぜひ政治家の心構えを教えてください」

臆面もなく尋ねた初対面の私に対し、李登輝さんは優しく語りかけてくださった。

「木村さん、まず世の中を良くしたいという『情熱』と、公のために尽くす『奉仕の精神』が大切です。そして、いいですか木村さん。政治家は結果を出さなければならない。時間軸・空間軸の中でしっかり『判断する力』を養うことですよ」

李登輝さんの穏《おだ》やかで力強い声と、固く握手していただいた大きな掌《てのひら》の感触、その温もりを今も忘れることはできない。

児玉源太郎をまつる周南市の児玉神社

李登輝さんの口から「第4代台湾総督、徳山出身の児玉源太郎がいなかったら、今の台湾はありませんでした。児玉源太郎は台湾の恩人です」という話を聞き、周南徳山で生まれ育った私はとても誇らしかった。

李登輝さんは、「台湾には今も、真面目・努力・正直・無私などを意味する〝日本精神《リップンチェンシン》〟という言葉があります。その言葉が根付いたのは当時の日本人たちが台湾の近代化に〝日本精神《リップンチェンシン》〟で尽力してくれたからなのですよ」とも教えてくださった。

児玉邸跡地に創建された周南市内の「児玉神社」には、李登輝さんの揮毫《きごう》による「児玉源太郎先生」と書かれた「浩気長存」の碑があり、神社の西には児玉源太郎の偉業を末永く称える記念として、１９２５年（大正14年）に台湾から届けられた４本のタイワンゴヨウ（マツ）がそびえ立っている。

李登輝さんの仰《おっしゃ》るように、「児玉源太郎が後藤新平を民政長官に登用して様々な施策展開をしたことが今の台湾の発展をもたらしている」ことは間違いない。そしてそれが、現在の日台関係の底流にもなっている。

「児玉源太郎無くして台湾の近代化無く、日本精神《リップンチェンシン》無くして大政治家李登輝誕生せず、李登輝無くして民主国家台湾の誕生無し」

そこまで言い切っていいのではないか。

児玉源太郎の評伝を書くのなら、ぜひ「彼の台湾近代化への取組み」について描きたい。そう考えて取った筆は、李登輝さんとの出会いや言葉を思い起こすことで進んだ。

台湾近代化の父としては、後藤新平の名前が取り上げられることが多い。

もちろん彼の働きが抜群だったのは確かだが、女婿である鶴見祐輔による名著『正伝　後藤新平』によってその活躍が紹介され、後藤の名を一段と高めることに貢献してきたと思われる。

そして何よりも、児玉源太郎は８年の総督在任中、陸軍大臣・内務大臣・文部大臣の要職を

李登輝氏が揮毫した「浩気長存」の碑

兼任し、日露戦争では満州軍総参謀長として日本を勝利に導く立役者となるなど、台湾を留守にしがちであり、「台湾総督としての実務は民政長官の後藤新平に任せっきりだった」というイメージが世間に定着しているからではないだろうか。

　そのイメージを一新させたいと私は思った。１８９８年２月に台湾総督に就任して以来、１９００年12月に陸軍大臣を兼任するまでの3年近くをかけて、信頼する後藤と政策形成の打ち合わせを緊密に行ない、お互いの役割分担を確認し合いながら、「難治の土地」と呼ばれてきた台湾の近代化に向けていかに取り組んだかについて、皆に知ってもらいたい。大臣として入閣した後も、台湾のための予算獲得や政策実現に向けて尽力したことについても、わかっていただきたい。そして、いかに児玉源太郎が台湾のことを愛していたかも、読者に感じて欲しい。

　もちろん、児玉は日本人だ。台湾に暮らす住民のことだけを考えて政治を行なっていたわけではない。しかし彼は、日本住民も台湾住民も幸せになるよう精一杯頑張ったはずだ。

児玉源太郎こそ、日本精神《リップンチェンシン》の体現者であり、その功績は、世界で最も親日的といわれる台湾に脈打っている。彼は、日台友好の架け橋の基礎をつくった男なのだ。

主要各国のパワーバランスが崩れる時は、大きな戦争動乱の可能性が出て来る。強硬な外交姿勢を貫き、覇権主義的な動きを強めている最近の中国が、私には20世紀初頭のロシアの姿と重なってならない。朝鮮半島の動向も気になるところだ。世界中が混乱を深め、将来の読めない複雑な時代を迎えている今だからこそ、我々はもう一度過去に学び、未来を構想しなければならない。激動の明治を駆け抜けた一人の偉大な男の生涯をたどることで、今後の日本のあり方を見つめなおして欲しい。

台湾は、自由・民主主義・人権を大切にし、清潔を愛し、勤勉な国民性を持った国だ。日本と価値観を共有する国である。これからも両国が力を合わせ東アジアの平和と安定のために尽くしていくべきだ。今後の国際関係を展望する時、児玉源太郎を想う時、私はおのずとこの考えにたどり着いた。

本書が、日本と台湾の友好発展の一助となることを願っている。

令和3年6月

木村健一郎

©新潮社写真部

ジャーナリスト
櫻井よしこ

いまも台湾には「日本精神」への感謝と憧憬が息衝いている。それは当時の台湾の人々が日本のサムライたちが植民地統治で示した「誠」をきちんと受けとめ、今日に至るまでその精神を語り継いできたということだ。

「日本精神」について語る彼らの誇らしげな光りをたたえた眼差しに、現代日本の私たちは少なからぬ面映ゆさを感ずる。同時に、彼らの瞳の中にある一筋の翳りも見てとらざるを得ない。お元気な頃の李登輝総統が日本へのメッセージとして度々発信なさったように、台湾の人々は現代の日本に日本精神はまだ残っているのかと問うているのである。

児玉源太郎は後藤新平、新渡戸稲造ら錚々たる人材を集め、世界に比類のない優れた統治を実現してみせた。その偉業は日本国の歩みを照らし続け、日台友情の土台を築き、日台双方を守ってくれている。その児玉の業績を深く胸に刻みたい。そして覚えておきたい。かつて日本は児玉らのような優れた人材を生み出し得る国だった、と。先人たちの足跡を辿り、その精神と行動を知ることで、今日の日本国及び日本人の糧としたいものだ。

児玉源太郎顕彰会
会長　山下　武右

この度、木村健一郎さんが上梓された『台湾を目覚めさせた男　児玉源太郎』に描かれた児玉源太郎の一生は、幕末の混乱から戊辰戦争、王政復古、明治維新、西南戦争、日清戦争、日露戦争の終結と講和に至る我が国の近代化と、世界の列強に仲間入りできた激動の約50年の歩みと重なります。源太郎が軍人としてのみならず、政治家、外交官、経済人、教育者として、いかに優れた人材であったかは多くの学者や識者が証明しています。彼が多くの政治家や経済人からも尊敬され、頼りにされたのは類まれな視野の広さと鋭い洞察力、思い切った決断力、他者を思いやる包容力があったためであろうと、私は思います。

「植民地」というのは統治する側にとっても、不運にも統治される身にとっても、ただ「植民地」と一括りに片付けられない極めて微妙な問題を含んでいます。植民地化されることを懸念して、やっと新政府樹立に漕ぎつけた我が国が30年も経たないうちに日清戦争の結果、台湾という植民地の統治者になり、更に日露戦争ののち、朝鮮はじめ満州、樺太など本土の数倍に値する領土の統治者になったことは、列強各国の執拗な干渉を招き、その地の民衆から厳しい反発を受けることとなりました。

近代国家として、法整備や軍事力、経済力の充実や教育の普及など、所謂富国強兵政策のさなかの植民地経営は、我が国にとって実は大変な負担になったことは間違いないところです。それ以上に互いの国民の間に根強い不信感を残しているのも事実です。

ところが、我が国と、被統治側であった台湾との間に、親密な友好関係が築かれていることは極めて珍しい事例でしょう。10年前、想像を絶する被害をもたらした東日本大震災に際し、台湾から約250億円もの義援金が贈られてきたことは一例に過ぎません。

児玉源太郎は台湾総督在任中に日露戦争に満州軍総参謀長として参戦し、勝利に多大な貢献をするとともに、内務大臣を併任し、後藤新平や新渡戸稲造など新進気鋭の若者を重用して、台湾の殖産興業、鉄道、道路、ダムや電気、上下水道などインフラの整備、教育・医療制度の充実などを推進しました。

本著を読みながら、「チーム児玉源太郎」の一員として奮闘した後藤新平や新渡戸稲造の方が、台湾に目覚めさせてもらったのではないか、そのようにも感じています。

実際、2人のほか、多くの役人や技術者も帰国後、更に活動の範囲を広げ、我が国の近代化に多大な貢献をしています。

木村健一郎さんが周南市長を務めていた当時、地場企業の徳機㈱（岡田哲矢社長、本社・周南市）から市に寄贈された児玉源太郎生誕の地を「児玉源太郎生誕の地公園」として整備してもらい、これを契機に児玉源太郎顕彰会を立ち上げることができました。

また、源太郎が残した図書館「児玉文庫」は戦災で焼失しましたが、これも木村さんの尽力で周南市図書館を「児玉文庫メモリアル」として、その名を残すことができました。

顕彰会では、源太郎の生涯をトヨタカローラ山口（卜部治久社長、本社・周南市）のご協力でＤＶＤ（ＫＲＹ山口放送制作）にまとめて、紹介しています。その第3巻を台湾編に当てています。本書と共に是非、御高覧下さい。

世界中に広がった新型コロナウイルス感染症はまさにパンデミックです。そうした中、台湾の対策はその医療・衛生環境がいかに先進的で効率的であるかを示しています。また、ＩＣ分野は、今は日本企業が助けられているほど世界をリードしています。

児玉源太郎顕彰会は、このように発展する台湾との交流にも取り組んでいます。台湾への親善旅行もコロナの影響で中断していますが、沈静化すれば早速、再開する予定です。

本著を御高覧いただき、一層の台湾との友好親善が進捗することを切に願っています。

台北駐福岡経済文化辦事處
處長　陳　忠正

台湾は日本から数え切れない恩恵を受けてきた――私はいつもそう思っています。１８９５年からの半世紀、多くの日本人が台湾に渡り、台湾の発展に尽力しました。中でも第四代総督の児玉源太郎の施策が契機となり、台湾に飛躍的な近代化をもたらしたことは明らかです。児玉は自分の職務は台湾を治めることであり、討伐することではないと断言し、何よりも現地の人々の生活を優先するという固い信念のもとで政治を進めました。この時まさに今に至る台日の「絆」の礎が築かれたといっても過言ではありません。

台湾には創立百年を超える小学校が数多く存在することをご存じでしょうか。児玉は各地に公学校を設置し、義務教育を実施しました。台湾人の就学率は50年間で徐々に増え、１９４４年には70％を超えました。基礎教育のみならず高等教育においても、台北帝国大学はじめ工業、農業、医学などの高等教育の専門学校がつくられ、多くの優秀な人材を輩出しました。台湾の李登輝元総統も、この教育制度の恩恵を受けた一人です。22歳まで日本人として日本教育を受けた李登輝氏が、総統就任後まもなく取り組んだ改革は教育改革でした。日本統治時代を正しく評価し、台湾の真の歴史を認識しようというものです。これを通して台湾の若い世代は歴史的事実を素直に受け止め、台湾アイデンティティを確立させ、ついに台湾は主体性を持った民主国家の道を歩むようになったといえると思っています。

児玉は日本から大勢の医者を台湾に呼び寄せ、台湾各地に医学校を開校し、医者を育てることで伝染病や風土病を防ぎました。このことは２０１９年末から世界中を震撼させる新型コロナウイルス感染拡大において、台湾がコロナを封じ込めることに成功している理由の一つだと、私は思います。明治の日本人から受け継いだ志が、今でも連綿と続いているのではないでしょうか。この時代の日本人に共通するものは「日本精神」です。真心をもって行なう、実際にやるということの大切さを、日本人は身をもって示し、台湾に「日本精神」を残してくれたと思っています。

山口県周南市長を2期8年務められた木村健一郎氏は、縁ある台湾との交流を積極的に推進すると同時に、熱意をもって活気ある町づくりの基礎を築かれました。台湾を近代化に導いた児玉源太郎総督、台湾の民主化を実現した李登輝総統、そして木村氏。時代も場所も違いますが、根底に流れているのは「日本精神」です。住民の幸せのために信念をもった施政をしたということです。今年は児玉源太郎没後115年でありますが、この度の出版を通して、児玉をはじめとする明治人の日本精神が再認識され、今に続く台日の固い絆を特に日本の若い世代に知って頂きたいと思います。

日本人は日本精神を通して台湾を育て上げてくれました。台湾人はそれに呼応し、両者はこれまで心と心の交流を続けてきたといえます。台湾と日本は助け合い励まし合うことができる最良の友です。これからも友好が末永く続いていくことを心から願ってやみません。

台湾を目覚めさせた男　児玉源太郎＊目次

国立台湾博物館に児玉源太郎像が展示されていることを、
多くの日本人は知らない（写真は国立台湾博物館提供）

第1章

台湾篇〔1898〜1903〕

上陸

朝もやの中、船窓《せんそう》から、緑に覆われた陸地が遠く見えてきた。

「よし、やるぞ！」

問題が山積みの新天地での地域《クニ》づくり。

だからこそ、やり甲斐もある。

気力も体力も充実している。

源太郎の中に、やる気と元気がむくむく湧いてきた。


「イラ・フォルモーサ！（なんと麗《うるわ》しき島！）」

16世紀初め、ポルトガルの船乗りたちが南洋に浮かぶこの島を見て思わず叫んだこの言葉から、世界中からフォルモサ（美麗島《びれいとう》）と呼ばれてきた台湾に、とうとうやって来た。

源太郎が第四代総督として、台湾の地を踏んだのは、明治31年（１８９８年）３月28日のことだ。彼は47歳だった。（以後、年齢はすべて数え年で記載する）

児玉源太郎（右）と後藤新平
（周南市美術博物館提供）

下関から乗った新造船「台中丸」には、一足先に神戸から乗り込んでいた後藤新平がいた。基隆《きーるん》港の埠頭に降り立った２人は、これから８年間にわたって、映画のプロデューサーと監督のような立場で、共に苦闘しながら、台湾に新しい時代を築いていくことになる。

「難治の島」と言われ、治安も悪く、風土病とアヘン禍に悩まされていた台湾を、大規模な土地・人口調査を行なったうえで、道路・鉄道・水道・港湾などのインフラ整備、産業育成、衛生環境と医療の大改善など数々の事業によって近代化の道を開いたのは、この２人だった。

台湾の歴史

もともと台湾という島は、中国のものでもなく、ましてや日本のものでもない。

台湾に暮らしていたのはオーストロネシア（南島）語族の人々で、その祖先は海から渡ってきた。彼らは大きく分類して16の部族に分かれ、互いに抗争を繰り返していた。言語、風俗、習慣、居住地域なども違っているため、別々の時期に異なる地域から台湾に移住してきたと思われる。台湾には、原住民（台湾で、すでに滅んでしまった民族を指すとされる「先住民」の表記は避けた）による統一政権は生まれなかった。

そこへ16世紀頃から、対岸の福建・広東から漢人が移住して来た。原住民たちは、次第に山間部へ追いやられていった。漢族系の移住民は、平地に残った原住民の各部族と通婚を繰り返した。

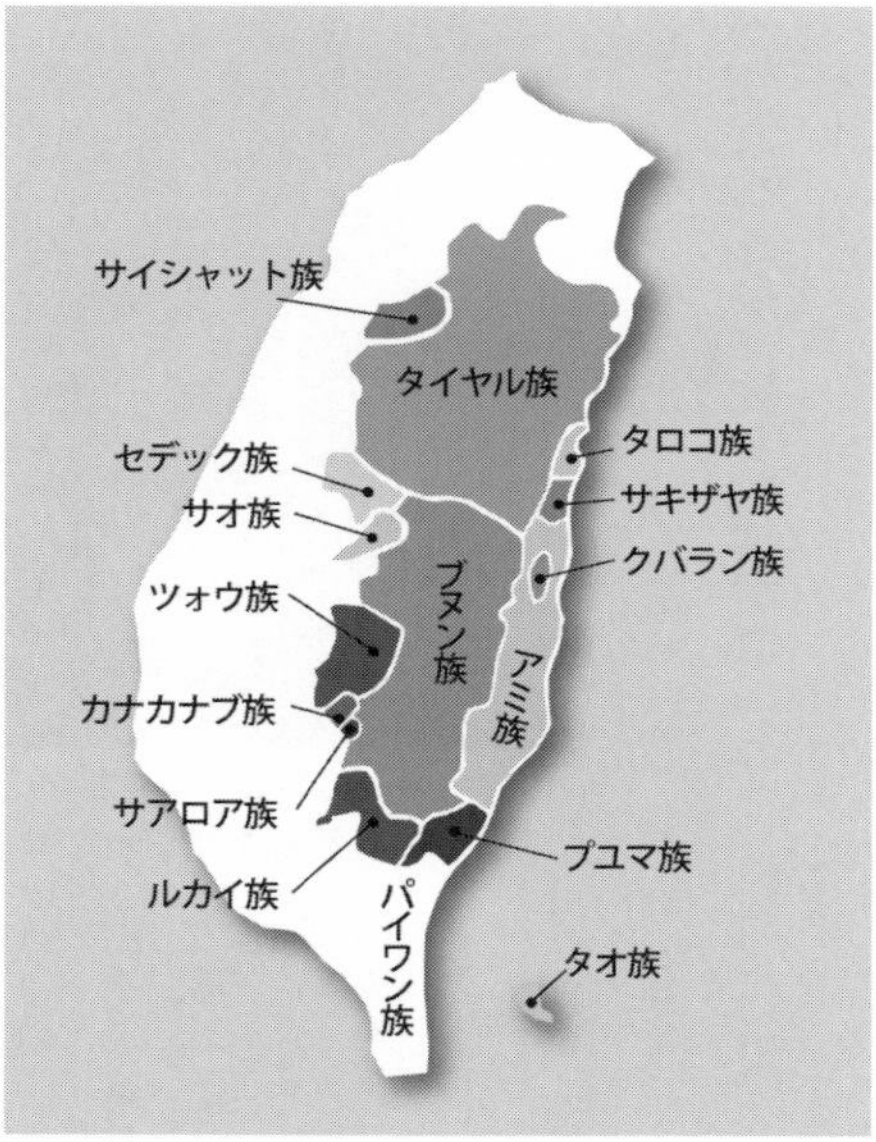

台湾原住民の分布図（『詳説台湾の歴史』より）

室町時代、この島は倭寇《わこう》や海賊の巣《そう》窟《くつ》だった。彼らは中国本土の沿海地域を荒らしまわり、明王朝はその対策に手を焼いた。

戦国時代や江戸時代、日本はこの島のことを「高砂国《たかさごこく》」「高山国《こうざんこく》」と呼んでいた。文禄2年（1593年）、日本統一を果たした豊臣秀吉が、高山国に使者を送り朝貢を求めたが、現地にはいくつかの部族や集落があるだけで、みつぎものを受け取る目的を果たすことが出来なかった。そもそも書簡を手渡すべき国王なるものがいなかったのである。「高山国王」宛ての書簡が、現在も加賀前田家に伝わっている。慶長14年（１６０９年）に徳川家康が肥前の大名有馬晴信に台湾の探索を命じた記録も残っている。鎖国が敷かれるまでは、日本の商人の活動も目立ち、台湾各地に日本人街もできていたらしい。

台湾を初めて領有したのはオランダで、１６２４年から１６６２年までの38年間だった。当時、明王朝は台湾を自国の領土とは考えていなかったため、オランダの支配に簡単に同意した。その後、スペインが、拠点となる城を築いて１６２６年から１６４２年まで台湾北部を占拠した時期もあった。

「反清復明」を掲げ、清朝に抵抗していた鄭成功《ていせいこう》（母は日本人で6歳まで長崎平戸で育ち、近松門左衛門の「国姓爺合戦」のモデルとしても有名である）が、１６６２年にオランダを征圧一掃し台湾を治めたが、3代にわたる鄭政権も長続きはしなかった。

清朝が鄭氏政権を倒したのは１６８３年のことだ。それから２００年間にわたり、台湾は清国の属領だった。

しかし、台湾は清国にとって辺境であり、清は、消極的支配に徹した。台湾は、皇帝の徳の及ぶことのない「化外《けがい》の地」として放置されたのだ。現地民の反乱は後をたたず、「三年一小乱、五年一大乱」（3年に一度小乱、5年に一度大乱が起きる）と言われていた。日清戦争の下関講和会議（１８９５年）において、清国側代表の李鴻章が次のように語ったという挿話がある。

「台湾は、鳥語らず、花香らず。男に情なき、女に義なき、瘴癘《しょうれい》（疫病のこと）の地。割くも可なり」

台湾をめぐる列強の動き

19世紀半ばから、東洋における欧米列強の植民地的活動が激しくなり、台湾もその波にのまれていた。

台湾に対しての各国の主な動きを、年代を追って紹介したい。

１８４１年　英国、清国とのアヘン戦争に際し台湾へも攻撃を行なう

１８５４年　米国ペリー艦隊、基隆《きーるん》港に停泊し、失踪水兵の捜索と基隆《きーるん》近郊の炭鉱を調査

１８５８年　英仏、清国を破り天津《てんしん》条約を締結。これにより、安平《あんぴん》、淡水《たんすい》を開港させられる
１８６０年　プロシア船が台湾探検のために派遣され、南部蕃社《ばんしゃ》（原住民の部落）を砲撃
１８６７年　ローバー事件《米船籍の「ローバー号」が座礁、漂流し乗組員が殺害される。
　米国軍艦2隻を派遣》
１８６９年　英国軍艦の安平《あんぴん》砲撃
１８７４年　日本の台湾出兵《台湾に漂着した宮古島の島民54人が殺害されたことを起因とする軍事行動》
１８８４年　清仏戦争が起こり、仏国による基隆《きーるん》、淡水《たんすい》、澎湖《ほうこ》の砲撃封鎖

当時は、ドイツも東洋に根拠地を求め、舟山《しゅうざん》列島、膠州《こうしゅう》湾に並んで、台湾澎湖島《ほうことう》をその候補にあげていた。

諸外国からの挑発が止まないため、清仏戦争後の１８８５年、清国は防衛上の必要から台湾を福建省より分離させ、独立の一省とした。

19世紀後半は、世界中で植民地獲得競争が行われていたのだ。

日本の統治はじまる

このような国際情勢のなかで、朝鮮問題をめぐり明治27年（１８９４年）7月、日清戦争が起き、日本が勝利を得た。

明治28年（１８９５年）4月17日に締結された下関条約（日清講和条約）によって、台湾と澎湖諸島が清国から日本に割譲されることになった。

条約発効から2年間、台湾人民は国籍を選択することができたものの、清国籍のまま台湾を離れることを選んだのは約４５００人、台湾全人口の0.2％にすぎなかった。

明治28年（１８９５年）5月10日、樺山資紀《かばやますけのり》海軍大将が正式に初代総督に就任した。樺山が清国全権の李経芳《りけいほう》との間で台湾授受の手続きを終えたのは、基隆《きーるん》港の沖合に碇泊した横浜丸の船上だった。台湾島は反日本の空気が溢《あふ》れていて、上陸が困難だったのだ。

現地にいた清の旧役人たちや軍関係者、地元の有力者たちは、台湾が割譲されることを知って焦《あせ》った。本国の清朝廷に撤回を求めたがうまくいかず、「日本人がやって来て台湾を滅茶苦茶にしてしまうぞ」と激しく抗日を煽《あお》っていた。彼らは5月25日、独立を宣言し「台湾民主国」を樹立した。巡撫《じゅんぶ》（地方長官）だった唐景崧《とうけいすう》は総統を名乗り、年号も「永清」と定めた。

「台湾民主国」は、列強諸国に特権を与える見返りに、日本による占領の阻止と独立を図ろうとしたが、日本との再戦と清朝の瓦解を恐れた清国政府は逃げ腰であり、列強も誘いに乗らなかった。

「台湾民主国」は誕生した時から未熟な組織であり、唐景崧《とうけいすう》ら指導者たちは、上陸した日本軍に対しわずかな抵抗をみせただけで戦意を失い、相次いで大陸に去ってしまった。残った兵士たちは無政府状態の中で略奪を繰り返し、大混乱となった。

北白川宮能久親王《きたしらかわのみやよしひさ》の指揮する近衛師団が基隆を占領したのが、6月3日。台湾総督府による始政式がおこなわれたのは、6月17日だった。

明治28年（1895年）11月18日、樺山資紀総督は台湾全島の平定を宣言したが、その後も各地で残党たちの武装蜂起による抵抗は止まなかった。

歴代総督の挫折

初代総督・樺山資紀の治政はわずかに1年だった。樺山は、治安の回復をはかる一方で、様々な開発も手掛けようとしたのだが、うまくいかなかった。もともと太っ腹で清濁併せ呑む性格から、利権を目当てにする人間が大勢ついてきて、台湾総督府及びその周辺には、質の悪い人間が多かった。樺山は人材登用にも失敗し、台湾は無政府に等しい状態だったという。

明治29年（1896年）6月2日、桂太郎が第二代総督に就任したが、健康に不安を抱えていることもあって、伊藤博文首相、西郷従道海軍大臣に同行して10日間の視察を行なっただけで、現地に赴任することなく在任4か月で辞任した。

当時の台湾は、マラリアの流行、阿片の蔓延《まんえん》、土着のアウトロー集団である「土匪《どひ》」の横行、そして新領土に渡ってきた日本人たちの利権と欲望渦巻く、まさに暗黒の地であった。

台湾総督は厄介な職務で、誰もが引き受けたがらなかった。

第二師団を率いて台湾派遣軍に加わった経験を持つ乃木希典《のぎまれすけ》に、後継の白羽の矢が立ったのは、明治29年（1896年）10月のことだ。説得役を引き受けたのは陸軍次官児玉源太郎だった。就任の交渉は難航が予想されたが、乃木は同じ長州藩の出身で、親友の源太郎と会って、総督を引き受けることに決めた。

「お前の言うことならなんでも聞くぞ」

源太郎と乃木は、お互い20歳前後の頃からの付き合いだ。一緒に酒を酌み交わし、漢詩を詠み、禅の修業に励んだ。気もよく合う。西南戦争で連隊旗を奪われ自死を決意した乃木に「おまえの命を俺に預けろ」と必死の説得を行なったのは源太郎だった。2人の間にはそれほどに深い信頼関係が築かれていた。（乃木は後年、源太郎の葬儀委員長をつとめている）

源太郎は、臨時台湾電信建設部長、臨時台湾灯標建設部長、台湾事務局委員も歴任し、台湾植民政策についてもかなり勉強していた。総督となった乃木に、参考になるからと、自分の集めた文献を贈っている。

11月1日、乃木は神戸から乗船して台湾に渡り、10日遅れて母と妻が出発した。母寿子がマラリアに罹って台北で亡くなったのは着任後2か月足らずの12月27日のことだった。乃木の母は台湾の墓地に埋葬された。

乃木は部下たちに訓示した。

「内地からぞくぞく人がやって来るが、戦争に勝ったからと威張り散らし、理不尽な商売をして住民を困らせてもなんとも思わない。役人や軍人たちも権力をカサにきて住民を見下し、ちょっとしたことで牢屋にぶち込む。このため、弱い者は日本人を恐れ、強い者は反抗するようになった。民心は離れ、施政は行き詰まっている。住民を不法に虐待する役人は法によって処分するぞ」

統治する者は清廉潔白でなければならないはずだ。ところが、日本から来た役人たちは台湾に赴任して以来、賄賂をもらう悪習がすっかり身に付いていた。乃木は自ら贈り物を受け取ることを一切拒否し、またそれを禁じた。

乃木は住民への教育に力を入れ、教育勅語の漢訳をつくって読ませようともした。

しかし、政治は道徳ではない。こうした施策が総督府内に様々な軋轢《あつれき》を生んだ。乃木の厳しさに、強い反発の声が上がり始めた。

進まない治安回復

日本統治に反対する清国の「残党」、アウトロー集団の「土匪《どひ》」、教化に従わぬ原住民の「生《せい》蕃《ばん》」。これを討伐するのは容易でなかった。

乃木はこれに対して三段警備という方針を定めた。

「山間部は軍隊と憲兵隊」、「村落は警察」、「中間の地は軍の憲兵と警察が協力して警備する」という役割分担だったが、軍部と民政部との間がしっくりいっていないため、思うように機能しなかった。総督府内の軍部の発言権が強過ぎて、ことあるごとに摩擦が生じてしまう。軍政万能のムードの中で「政治は何ごとも軍人によって処理される」。台湾ではそれが当然のことのようになっていた。

台湾はお荷物

いつまでたっても統治が上手くいかないので、日本国内では「台湾放棄論」や「台湾売却論」の声が出てきた。

「日本が台湾をいかに植民地として開発できるか」を注目して見ていた欧米各国からも、「やはり日本人に植民地経営は無理だ。台湾は良き実例だ」と言われるようになってきた。

明治29年（１８９６年）度の台湾統治の支出は９６５万円であるのに対し、収入は２７１万円に過ぎない。当時2億円程度だった日本の国家予算のうちから７００万円近くを補填しなければならない。

「厄介ものを処分しろ」「フランスに1億円で売ってしまえ」

国会でもこのような議論があったという。

乃木の辞任

乃木はあくまでも清廉高潔だった。

こんなエピソードがある。

乃木が台湾に赴任した時、現地の豪商から何やら大きな荷物が届いた。乃木は中身も見ずに「受け取る理由がない」と使者に突き返した。翌日、同じ使者が「奥さまにどうぞ」と、今度は蘭の花を持ってきた。これも受け取らなかった。これを見ていた総督府の門番が「以前の総督とは大違い」と感心したという。

総督府の参謀が内地に転勤が決まった。それまでの送別会は、高級料亭で派手に飲んで騒いで、が常だったが、乃木は自宅に呼んで、ささやかな手料理で酒を酌み交わした。乃木は、そのような浪費をきつく戒《いまし》めた。

乃木は、台湾におけるイギリスの権益を抑えるため、淡水《たんすい》にあるイギリス領事館の閉鎖を計画した。ところが当時の松方正義《まつかたまさよし》内閣は、国際問題を悪化させないためイギリスとの対立を好まず、これを支持しなかった。

乃木が自ら民政局長に起用した曽根静夫《そねしずお》とも、うまくいかなくなっていた。

高野孟矩《たかのたけのり》非職事件も起きていた。

高等法院院長（台湾の司法の最高の地位）の高野孟矩は、乃木総督の上奏を受けた内閣により、明治30年（１８９７年）10月１日、職務を免ぜられた。高野は非職の命令に対し、「裁判官の身分は憲法で保障されている。台湾の司法官についても政府の一方的都合による非職は違憲である」として抵抗を繰り返した結果、最終的に警察の力をもって官舎から排除されることになった。

乃木は、自分に厳しく職務に忠実であろうとすればするほど、部下からも本国政府からも批判されるという破目に陥った。

乃木が急に辞任を申し出たのは明治30年（１８９７年）11月17日のことだった。

「近年とみに記憶力亡失《ぼうしつ》いたし、職務にたえがたく候…」という理由だったが、彼の治政の行き詰まりに対し、政府が何の手も打ってくれなかったことへの憤懣《ふんまん》だと言われている。

乃木は友人に次のような内容の手紙を送っている。

「台湾施政は苦々しいことばかり。人民の謀反も無理からぬ。（ここにいる日本人を見ると）乞食が馬をもらったようだ。飼うこともできず、乗ることもできず、噛まれ蹴られて腹を立てたあげく、世間の笑いものになるなど、恥じ入る次第だ」

辞任の申し出に対して、松方総理はもちろんのこと、山県有朋や源太郎も、現今の国際情勢における日本の立場なども持ち出しながら説得したが、乃木の決意は変わらなかった。

当時の源太郎は

明治31年（1898年）1月、松方内閣は総辞職し、第三次伊藤博文内閣が誕生した。陸軍大臣も桂太郎に替わった。明治25年（1892年）8月23日から明治31年1月14日まで長く務めた陸軍次官としての源太郎の役目も一区切りついた。

源太郎は大山巖《いわお》、高島鞆之助《とものすけ》の2人の陸軍大臣に仕えた。

陸軍次官は議会工作の矢面《やおもて》に立たされる。政府内の要人や政党の指導者の間を精力的に走り回って話をつけ、わずかな削減率で陸軍予算を通過させなければならない。政党や他省庁との折衝《せっしょう》も源太郎の仕事だった。

日清戦争の後方支援を行なったのも源太郎だ。兵士の輸送、軍需品・食糧などの供給、それを支えるインフラ整備、さらには軍隊の復員に伴う検疫業務にまで拡がっていた。

ちなみに、日清戦争での後方兵站《へいたん》業務が評価され、源太郎は金鵄勲章《きんしくんしょう》を授与されるとともに、男爵となっている。中将にも昇進している。16人の現役陸軍中将のうち、彼は最年少だった。

高島鞆之助《たかしまとものすけ》大臣は大物の政治家であったが、行政的な適性には欠けていた。陸軍軍政の切り盛りは、高島には難しかった。その退任時に、高島が源太郎の手を取って熱い涙を浮かべながら、感謝の言葉を述べたというエピソードが残っている。

桂太郎が総督を辞した明治29年（１８９６年）にも、「台湾総督の後任には源太郎を」という声もあったのだが、当時は軍備拡充中であり、陸軍省から源太郎を抜くのは難しかった。今回も、もし大臣が高島であれば、彼は源太郎を絶対に手放さなかったであろう。

源太郎は、明治31年（１８９８年）1月14日、陸軍次官を免ぜられ、名古屋の第三師団長に栄転した。

その頃、乃木は、とうとう2月21日に東京へ帰ってしまった。乃木は総督を辞任した。

源太郎が第四代台湾総督に任じられ、第三師団長を免ぜられたのは、明治31年（１８９８年）２月26日のことだった。

待望の台湾総督、誕生す

世間からは「児玉源太郎こそ台湾総督の切り札だ」と言われていた。

源太郎は、29歳からの5年間、千葉県佐倉で連隊長として過ごしたことがある。この時に地方の状況を観察し、知事の広範な権限を知り、行政に関心を持つようになった。自分も一度知事になってみたいと思うようになった。この頃から法律の勉強も始めている。

源太郎は、明治25年（1892年）から5年半にわたって陸軍次官として過ごした。その間、卓越した行政手腕を認められ、「軍服を着た政治家」と呼ばれていた。

この時代に、阪谷芳郎《さかたによしろう》（当時は大蔵省の課長クラス、財政のスペシャリストで後の大蔵大臣）や、石塚英蔵《いしづかえいぞう》（台湾総督時代に腹心の一人となる参事官長を務める）など、多くの優秀な官僚とも知り合いになった。

陸軍省内を完全に掌握《しょうあく》するとともに、議会では政府委員として明晰《めいせき》な答弁を行い、政党や他省庁と見事な折衝《せっしょう》役を果たしていた。

「陸軍省は即ち児玉なり」と言われるほどの活躍ぶりだった。

源太郎は、台湾のことについても、世界の植民統治についても、詳しく研究していた。海底電信ケーブル施設の責任者である臨時台湾電信建設部長や、灯台建築のための臨時台湾灯標建設部長も務めている。台湾経営のため内閣に設置された「台湾事務局」（総裁は首相の伊藤博文）の委員として、台湾統治体制の構築にも関与していた。台湾事情には誰よりも精通していたのだった。

後藤新平を片腕に

源太郎の台湾総督就任は万人の認めるところだったが、「女房役の民政局長に医師で内務省衛生局長の職にある後藤新平が選ばれた」と聞いて、心配する人が続出した。

当時、後藤の評判はあまり良くなかったようだ。

「あんな内務省の持て余し者を民政局長にするなどもっての外《ほか》だ。台湾こそいい迷惑だ」。そんな社説が台湾の新聞に掲載されたという。

本当に２人がうまくいくのか？

後藤は癖の強い悍馬《かんば》（暴れ馬）だ。

自尊心が強く激しい性格の持ち主だ。

そういう意味では、源太郎も陸軍の変わり者。後藤も医学界の変わり者。突飛《とっぴ》な2人が抑《おさ》え手のない新領土に入ってうまくいくのか？

世間ではそう見ていた。

後藤の友人たちは忠告した。

「君はよく児玉さんという人を知らないんだ。あれは陸軍でも有名な干渉家《かんしょうか》なんだよ。今に、君は手を焼くぞ」

「今までの民政局長はみんなしくじっている。今度は児玉と喧嘩する。児玉は干渉家だから許しはしない」

後藤は舅《しゅうと》の安場保和《やすばやすかず》（当時　北海道庁長官）からこう言われたそうだ。

「児玉さんという人は、日清戦争のあの予算を陸軍次官としてやった人だし、台湾の地理地名なんかもお前よりはよく知っておるんだから、予算のことについても、地理のことについても、お前の助けを借らなければできないという事はない。民政局長を必要としない総督さんだ。むこうの方が先生なんだ」

しかし、源太郎は、後藤の手腕や人柄を既に十分知っていた。

一旦、人を信頼して仕事を託した以上、万難を排してこれを支持するのが「源太郎流」だ。後藤は、源太郎の眼鏡にかなっていた。

日清戦争の大検疫事業

少し時代は戻るが、明治28年（１８９５年）、日清戦争が終わって兵士たちを帰国させる時に最も問題になったのが「疫病《えきびょう》」対策だった。コレラや赤痢、腸チフスなどが猛威をふるう戦地から兵士が帰還したら、日本国内はどうなるのか……。軍隊だけでなく、一般国民に伝染すれば大きな被害が発生する。将兵を乗せた軍艦や輸送船内で、検疫と治療、消毒による水際作戦を実行し、何としても病原菌の上陸を防がなければならない。

兵士たちの検疫事業の責任者は、陸軍次官である源太郎だった。このとき源太郎は、陸軍軍医総監で野戦衛生長官の石黒直悳《いしぐろただのり》から、後藤新平という男の起用を勧められる。

後藤は、水沢藩（現・岩手県奥州市）出身。源太郎より5歳年下の安政4年（1857年）生まれだった。苦学して医学を学び、明治14年（1881年）に愛知医学校の校長となった。その実績や才能を認められて、明治16年（1883年）、内務省衛生局に入り、病院・衛生行政に携わることになった。明治25年（1892年）に、36歳で内務省衛生局長となる。ところが、後藤はその男気《おとこぎ》溢《あふ》れる気性から、当時「相馬事件」と呼ばれた相馬藩主のお家騒動に巻き込まれ、明治26年（1893年）11月に誣告《ぶこく》罪の共犯として逮捕された。この後、彼は半年に及ぶ監獄での収監生活を送ることとなり、12月には衛生局長も非職（休職）となった。

入牢した時の有名なエピソードがある。

何らやましいところのない後藤は、未決監《みけつかん》に入れられても全く動じない。すぐに肘枕《ひじまくら》でグーグーと高鼾《たかいびき》をかいて寝てしまった。

その様子を見て、同房の男が尋《たず》ねた。

「旦那《だんな》、つかまったのは何度目ですか?」

「初めてだ」

「あなた様は、さぞかし立派な親分さんなのでしょうね……」

初めて牢屋に入れられた時、大抵の人間は一睡もできないものだ。

同房者たちは、後藤の堂々とした態度に圧倒されていた。

後藤は、この逮捕収監の時から、翌27年（1894年）5月の保釈、その年12月の無罪判決確定までの1年間、不遇の日々を過ごした。友人・知人たちも皆、彼を遠ざけるようになっていた。

そんな時に、中央衛生会の委員に後藤を推挙してくれたのが、陸軍省医務局長の石黒直悳《いしぐろただのり》だった。

実は後藤は、医者になりたてだった明治10年（1877年）、21歳の頃、大阪で西南戦争の傷病兵の治療に対応したことがあった。この時の大阪陸軍臨時病院長が軍医の石黒直悳だった。石黒も後藤も現場で、検疫を拒んだ凱旋兵《がいせんへい》から多発したコレラの治療や防疫処理に当たっていた。その経験から、伝染病の恐ろしさや予防の大切さを身にしみて感じていた。

日清戦争の検疫事業は本来、陸軍省医務局長・大本営野戦衛生長官である石黒直悳の仕事であった。西南戦争での凱旋兵の中からのコレラ大流行を体験している彼は、軍隊検疫の必要性を陸軍大臣にも上申している。大検疫施設の設置も彼の案である。だが石黒は、征清大総督に従って戦地に赴《おもむ》くことが決まっており、誰かに任せねばならない。そこで、彼が目を付けたのが、牢から出たばかりの後藤新平だったのである。

明治28年（1895年）3月、中央衛生会は委員の後藤を広島の大本営に派遣した。陸軍次官であり、臨時陸軍検疫部長となった源太郎は、後藤に問うた。

「検疫に必要な予算について、君の意見は？」

「100万円（現在の50億円程度）です！」

傍にいる石黒が心配して、「後藤君、乱暴なことをいうな」とたしなめた。

源太郎は、その資金使途を尋《たず》ねた。

後藤があれに幾《いく》らこれに幾らと、内訳をすらすらと答えた。

「よしわかった。50万円足して150万円だそう。伝染病撲滅《ぼくめつ》にカネは惜しまない。君に任せたい」

源太郎の豪胆ぶりがわかる。

話が進んでいく。内務省と陸軍省のどちらが責任を持つかが話題となった。

「よし、凱旋《がいせん》軍人や軍用船に係る一切の権益《けんえき》は陸軍省の担当、内地の防疫《ぼうえき》は内務省が行なうこととしよう」

源太郎は即決明快に回答した。

後藤は、軍医に対して強い反感をもっていた。陸軍検疫部は臨時の機関だが、検疫医務専任がいわゆる軍医、官職であることには変わりはない。

「陸軍軍医にはなりたくない」と渋った。

「よしわかった。俺に任せておけ」

源太郎は「臨時陸軍検疫部官制」という規定を新たにつくり、児玉が部長、文官の後藤が事務官長として部内の仕事を取り仕切ることができる体制づくりを行なった。

３か月の突貫工事で、似島《にのしま》（広島）、彦島《ひこしま》（下関）、桜島《さくらじま》（大阪）の瀬戸内の３つの島に大規模な検疫所が完成した。

後藤は、工事中も軍人とよくやり合っていたようだ。

大阪・桜島の検疫所が完成間近だった頃、源太郎が検分を行なった。案内をした陸軍中佐が後藤に対する批判を繰り返し、いろいろと煩《うるさ》く意見具申をするので、源太郎はとうとう「黙れ！」と一喝した。

「このような大仕事は後藤ひとりの頭でやらねばできるものではない。貴様らは意見を言うことはならぬ。後藤の命令通りやれ」と叱りつけた。

後藤から相談があった。

「設備も準備も整《ととの》ってきましたが、軍人が医者の言うことを素直に聞いてくれるでしょうか。私の力では無理です。児玉さんが陸軍の力で命令してください」

「任せておけ。俺に妙案がある」

下関に凱旋した征清《しん》大総督の小松宮彰仁親王を船まで出迎えた源太郎は、喜びの言上《ごんじょう》とともに、殿下にこう尋ねた。

「これから天皇陛下へ戦勝のご報告にあがられると思いますが、殿下が万一自分が病原菌を持っているようなことがあれば拝謁《はいえつ》が叶《かな》わぬとおっしゃった時のために検疫と消毒の用意をしております。いかがなされますでしょうか」

小松宮殿下は「それはまことに結構だ。ぜひお願いする」とすぐに承知し、検疫を受けてくれた。殿下が率先して検疫を受けたため、師団長以下も反対することができなくなった。

後藤は、源太郎の機知に感心した。


帰還兵たちは、一刻も早く家に帰りたがる。「検疫を行なうなど、名誉ある凱旋兵《がいせんへい》を遇する道ではない。なぜ、彼らを消毒・隔離するのか」との非難が世間から巻き起こり、兵隊たちの迅速円滑な内地への帰還を求める批判の声が軍の内部からも聞こえてきたが、源太郎の信念は揺るがなかった。科学技術を信頼する源太郎ならではの太っ腹だった。

後藤は、帰還兵23万人の大規模検疫をわずか３か月でやってのけ、世界からも大きな注目を集めた。

後藤が事業結果の報告に来た時、源太郎は一つの箱を取り出して後藤に差し出した。

「これは君の月桂冠だ。持って帰って、開いて見なさい」

箱の中には、検疫部長の源太郎の手元に届けられた後藤に対する不平や悪口の手紙や電報が、束になって入っていた。源太郎は、仕事が済むまでは、誰にも見せずにしまっておいたのである。

３年前、明治28年（１８９５年）の一大検疫事業を通じて、後藤は、源太郎の偉大さをよくわかっていた。

そして、後藤は、源太郎という人物にすっかり惚れ込んでいた。

後藤の「国家衛生原理」思想

実は後藤も、源太郎と同じく、台湾については一家言《いっかげん》を持っていた。

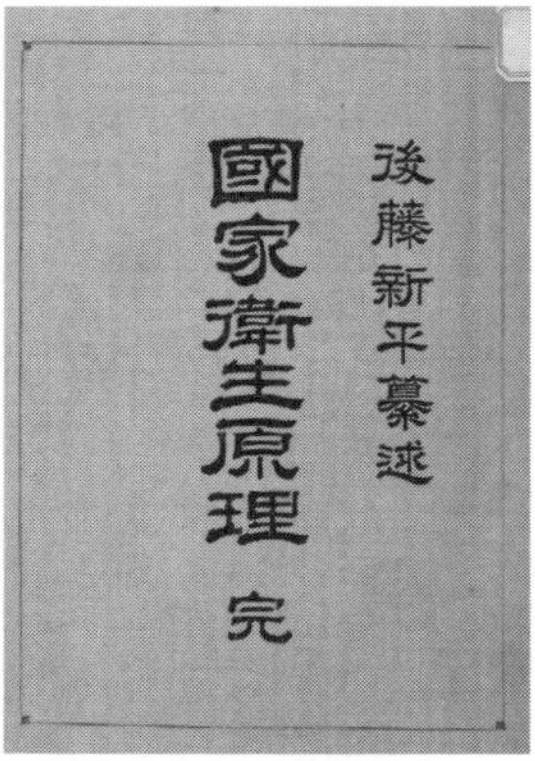

後藤新平の『国家衛生原理』
（所蔵・後藤新平記念館）

後藤は、明治22年（1889年）、33歳の時に『国家衛生原理』という本を出版している。「国家も人体と同様、一つの生命体として健全な発達と生活環境の改善を目指せ」という主張である。「経済は栄養だ」とも説いている。特に後藤は、公衆衛生について並々ならぬ意欲を持っていた。

明治28年（1895年）11月には、台湾事務局総裁であった伊藤博文に対して、台湾における阿片政策に関しての「意見書」を提出している。後藤は、明治29年（1896年）4月から台湾総督府衛生顧問を引き受け、同年6月の桂総督就任にあたっての視察に伊藤首相や西郷従道《さいごうつぐみち》海軍大臣と同行している。

桂は総督当時、台湾衛生院院長に後藤を引き抜こうとしていたという。後藤は、内務省衛生局長時代から、台湾の公衆衛生政策についても重要な提言をいくつも行なっていた。

いよいよ台湾の地へ

明治31年3月、後藤は神戸から、源太郎は下関から、大阪商船の新造船「台中丸」に乗り込んだ。船上では、新天地台湾のこれからの治め方について2人は大いに語り合ったはずだ。すぐに船酔いする後藤、これに対して船には滅法強い源太郎。

航海は平穏だった。

「海よ、波よ、何故怒ってみせ、私の腕を試してくれないのか」

源太郎は、意気軒高《いきけんこう》だった。

3月28日、一行は基隆港のふ頭に着き、官民の大歓迎を受けながら台湾に上陸した。台湾の新聞記者たちは「総督の児玉源太郎の元気が一番だった！」と驚いたそうだ。

統治の方針は無方針

着任早々、源太郎は後藤に、歓迎会の席上での施政方針演説の草稿作成を命じた。

「やらん方がいいでしょう」

後藤は答えた。

「樺山さんも、桂さんも、乃木さんも、今までの総督はみんなやっているが、詩人が詩を作るようなもんですよ。皆が不審がって聞きにきたら、『俺は生物学の原則に従ってやる』とおっしゃるのはいかがでしょうか」

「生物学というのは何じゃ?」

「それは慣習を重んじる、簡単に言えばそういうことなんです。ヒラメの目をいきなりタイの目にしろと言ってもできることじゃない。生活環境の中で順応しながら作り上げられてきた慣習や考え方を重んじるべきだというのは、生物学からきているんです」

「そうか。そういうことか。よし、よし、それなら止めよう」

源太郎はすぐに納得してくれたが、後藤は「どうせ、誰か他の側近に書かせるのでは……」と疑っていた。

ところが、本当に源太郎は一切の施政演説を行わなかった。

後藤が、「総督の施政方針不要」と思った理由はこうだった。

まず、「不言実行」である。

どんなに美辞麗句を並べても、実現しない政策に対しては、民衆は案外に敏感なものだ。しばし沈黙を保った後、着手できることからドンドン片づけていくことによって、信頼が民衆の間に巻き起こり、初めて、統治政策の実行に権威が生まれる。

そして、第二の理由は、台湾での植民政策は、現地の民度、風俗、習慣をしっかりと調査した上で、根本策を練るべきだからである。後藤言うところの「生物学の原則」であった。

後藤は思った。

「やっぱり、児玉総督は普通の人間じゃない。俺の『施政方針は無方針』という意見を即座に理解して、そして貫《つらぬ》いてくれた」

そして、源太郎に二度惚れしたのだった。

3つの当面対策

上陸以来、源太郎と後藤は、当面の策と根本の策とを2人でしっかりと練った。
まず、当面の策は次の3つ。
第一、土匪《どひ》を鎮定して平和をつくりだす
第二、文武の権限を明確にし、軍政から民政へのスムーズな移行をはかる
第三、地籍（土地調査）人籍（戸口調査）を実施し、行政の基礎を確立する

2人の意見は一致した。

土匪《どひ》対策が何よりの課題

まず何よりも着手しなければならなかったのは、治安の回復だった。

特に土匪《どひ》対策。

土匪（匪とは悪者のこと）とは、徒党を組んで島内の各地各所に出没し、暴行・掠奪《りゃくだつ》を行なっている「アウトロー集団」のことをいう。侠客《きょうかく》的性格の強いもの、盗賊の集まり、村落の自衛組織、さまざまな集団が存在した。実は長い間、清国政府も土匪について大いに悩まされてきたのだった。

また、従来からの土匪に加えて、日本人がやって来てから日本統治に反対する敗残兵やゲリラ活動をしようとする者も増えてきていた。

土匪の中には、土地の住民から「土匪税」という名目でお金をとっているものもいる。服装は一般住民と変わらず、日常は業務に従事するなど、良民との区別がつきにくいのも特徴の一つだ。住民たちは、皆、土匪を恐れ、復讐を怖がって情報を提供しようとしない。

これまで歴代の総督は土匪討滅に躍起《やっき》となって取り組んできたのだが、成果は一向に上がらなかった。

「三段警備」の廃止

源太郎は、乃木総督が定めた「山間部は軍隊と憲兵隊」、「村落は警察」、「中間の地は軍の憲兵と警察が協力して警備する」という三段警備の廃止を指示した。

この方法は一見、適切なように見えたが、実際に運用してみると様々な弊害があった。まず、軍部と警察や民政部との衝突、反目が一番にあげられる。

後藤は次のように回想している。

「実際は、この三段警備というものが、さっぱり駄目であって、土匪が襲来したというから兵が行ってみると、逃げてしまって居ないのだ。そうすると、老若男女、手当たり次第にひどい目にあわせたり、暴行したりして、大いに困却《こんきゃく》した。それを文官が訴えると、武官の方では『土匪には俺たちの同胞が殺されている。どうしても彼奴《きゃつ》をやっつけなければならぬ』という気持ちなんだ。だから兵隊が出ていかなくてもいいときに出てゆく。機におくれて出て行っては、今話したような事ばかりやっている。だから反《かえ》って土匪の暴動が増えてきたようだ」

「三段警備方式」に代わって、源太郎は「土匪招降策《どひしょうこうさく》」なるものを打ち出した。軍隊を用いずに、民政部の組織力と警察力でこれに当たろうという政策である。

この土匪招降策については、処置が甘すぎるという批判が軍部から起きていた。

土匪招降策の内容については、後ほど詳しく説明したい。

軍部の横暴を抑える

源太郎が赴任した時は、日本が台湾を領有してからまだ3年足らずであった。軍の大部隊が、全島に駐屯していた。「台湾は軍事上の賜《たまもの》」なのだと軍人は威張っていた。

「この島は俺たちが取ったんだ。だから、俺たちが守るんだ」

総督府のなかでも、軍人たちが強力な権力を持っており、民政部の文官は、いつも軍人の顔色をみながら仕事をしなければならないありさまだった。

源太郎は、部下に命じた。

「台湾の統治は、民政を中心に進める。軍隊の出動は、民政局から要請のあった場合以外は差し控える」

この命令に対して、反発する軍人も多かった。

源太郎は、軍幹部に対する訓示の中でも、開口一番、

「私の職務は台湾を治めることだ。台湾を征討しに来たわけではない。その大任を全《まっと》うするためには民政に関わる者はもちろん、陸海軍の協力が欠かせない。また、土匪《どひ》の心情を察すれば憐れむべく、痛ましいものがある」とまで言い切っていた。

ところで、後藤は軍人たちからは相当、睨《にら》まれていた。児玉総督の威光を笠に着て権勢をふるうというので、彼らは後藤のことを「総督の御曹司《おんぞうし》」とあだ名を付けて、陰で呼んでいた。

ある日、「事件」は起きた。

後藤は、民政局長就任の挨拶《あいさつ》のため、軍の幹部を招待し宴を催した。

当日になって、軍の幹部たちは案内された時間どおりにやって来た。なのに、主人役の局長がいつまで経っても現れない。客の不平が高まってきた。

「我々を愚弄《ぐろう》しちょる」

「総督があんまり肩を持つから、後藤の奴め、いい気になっちょるんじゃ」

「だいたい、医者上がり風情《ふぜい》に民政局長がつとまるか」

一同の不満が爆発しかけた頃に、後藤が大急ぎで駆け付けてきた。

「誠に申し訳ございませんでした。すぐ終わると思った会議が長引きました」

挨拶も早々、宴はようやく始まったが、酔いが進むにつれ、酒癖の悪い一人がネチネチと攻め立てる。

「総督の御曹司《おんぞうし》め、お前のような文官に何がわかるか」

「なぜ主人たるものが遅れて来た」

余りにもしつこいので、とうとう後藤の堪忍袋の緒が切れた。

「うるさい！　いい加減にしろ！」

組んずほぐれつの大格闘の挙句《あげく》、ポカポカとそいつの頭を殴っておいて、

「我輩《わがはい》は今夜はこれで失敬する」

と言って、さっさと引き上げてしまった。

一夜が明けた。

朝一番で、辞表を持って、後藤は総督邸を訪問した。

昨夜の顛末《てんまつ》を報告すると、源太郎は一言

「それはよかった」と言っただけだった。

その夜、源太郎は軍の幹部を官邸に招いた。

軍の幹部たちは喜んではせ参じた。

「今日は皆さんゆっくり召し上がってください」

と、源太郎が歓迎の挨拶を述べると、後藤と大立ち回りを演じた当の男が一同を見渡しながら言った。

「ご主人のお許しが出たから、今晩はうんと飲もう！」

その時すかさず、源太郎はくぎを刺した。

「主人が挨拶をしたからといって、それに甘えて酔い倒れるまで飲むということは紳士の態度ではない。しかも陸軍将官は国家の柱石《ちゅうせき》である。その貴殿らが、酔い倒れるとか、文官と格闘するとかいうことは遺憾である。この辺はご列席の諸君もご注意願いたい」

源太郎が一本きめ込んだおかげで、後藤との一件のことは一言も出なかった。しかも、それからというもの、だんだんと三段警備も排除せられ、軍人が行政に向かって嘴《くちばし》をさしはさむことも無くなった。

土匪《どひ》招降策《しょうこうさく》が、晴れて実行され始めたのは、この事件以来だったという。

源太郎の覚悟

総督府には、台湾総督府評議会という最高諮問機関がある。

陸海軍幕僚はその正式の委員であり、評議会の中心勢力でもあった。

後藤は、陸海軍の幕僚をその「臨時」の委員にしようとした。

「臨時とは何ごとか！」

軍部は黙っていない。

話はこじれて、とうとう総督官邸での会議となった。

参謀長「臨時の委員ということになると、平生《へいぜい》は要らんものになりますな。委員外に排斥されて、これまでの軍隊の働きが無視されるようになるのはいかがなものか」

源太郎「そうですか、しかし一般行政のことは軍事行政と違う。今までも民政局長というものはあったけれど、このたびは軍政をすっかり改めて民政にするのだから、よほど考えなければならん」

他の幕僚からも反対だという意見が出た。

源太郎は厳しく言った。

「いったい君たちは陸軍行政とはどんなものか、知っておられるのか。知っておられるのなら言ってみたまえ」

この間まで陸軍省軍務局長・陸軍次官だった源太郎に対して一同返す言葉がない。みんなが黙っていると、すかさず、

「陸軍におって陸軍行政の分からない者が、民政のことに口を出すことはない。よそう。よそう」

一同誰も何も言わない。何も言えない。

「お暇《いとま》します」

と言って帰ってしまった。

そして、改正案はそのまま上奏の手続きを経て裁可された。

軍政から民政へ、台湾はその流れを大きく変えていった。

総督の絶大な権限

台湾総督には、広範で強大な権限が与えられていた。

まだまだ台湾では混乱が続いている。そんななかで、島民に日本の法律を無理に押し付けるのは得策でない。まずは、現地での習慣・習俗を尊重し、できる限り島民の自治を認めるべきだ。そのため、総督に強大な権限を与え、適合しないところを勅令や行政命令によって補いながら政治を行なう方式をとっていた。

台湾総督に関する法令の幾つかを紹介してみよう。

一、台湾総督は陸軍大将もしくは中将をもってあてる（勅令362号第二条）

一、総督は委任の範囲内で陸海軍を統率し、安寧秩序を保持するために兵力を使用することができる（勅令362号第三条、第七条）

一、総督は管轄区域内に法律の効力を有する命令を発することができる（台湾に施行すべき法令に関する法律《明治29年法律第63号いわゆる「六三法」》第一条）

日本国内では、各省の大臣や軍令機関の長などがそれぞれ持っている一般行政、立法、司法、陸海軍の指揮といった権限が、台湾総督には集中して与えられていた。

この「六三法」により、台湾では日本の憲法条文や法律の多くが適用されることが無かった。台湾は、日本本土とは異なる、「特殊法域」となっていた。台湾総督は行政、立法、司法、軍事大権を掌握することができ、一般に「土皇帝《どこうてい》」と呼ばれていた。

言い換えれば、日本の領有が始まった頃の台湾の統治は、それほどに困難を極めていたのだ。

《混迷を続けていたこの時期に、児玉源太郎のような、明確な理念を持ち、抜群の頭脳で幅広く多様な意見をしっかり聞き取り、柔軟な発想ができ、バランス感覚に優れ、皆から信頼され、人使いが上手く、日本本国の政財界に太いパイプを持ち、公平公正な判断と決断力、実行力を備えた、素晴らしいリーダーを得たことは、まさに新生台湾にとって何よりの僥倖《ぎょうこう》だったと言わざるを得ない》

官吏の大整理

「軍政から民政へ」大きく舵《かじ》を切った源太郎が、次に行なったのが地方制度改革だ。

「台湾総督府の役人の数は多すぎる。これからは事務に精通した者を選び、少人数で成果を出していきたい」

総督府の役人たちに通告すると、源太郎はさっそく大ナタふるいに取り掛かった。

赴任当時の行政機関は、6県3庁の下に65の弁務署（郡役所）・警察署・撫墾署《ぶこんしょ》（原住民対策・開墾事務等）があるという複雑な組織となっていた。

源太郎は、これを台北、台中、台南の3県と3庁44弁務署に減らした。

県知事、庁長、署長の人員整理を行なった。

経費削減とともに、汚職追放も狙った。

役所自体を縮小すれば、利権を漁《あさ》る役人の数も減る。

削減した人員分で浮いたお金を、残った役人の給料に上乗せすれば、それだけ汚職する気にならなくなる。

明治31年末までに罷免した総督府の役人は千人を超えた。

台湾の地方長官が献上した「恭頌額」（周南市美術博物館提供）

明治32年（1899年）2月には文官官僚の制服を制定した。支配者としての威厳を台湾人に誇示すると共に、風紀を乱しがちな役人の秩序を守るためであった。

これだけの大改革である。台湾でも、日本国内でも、妨害や非難の声が巻き起こったが、源太郎は断固やりきった。特に、矢面《やおもて》に立った後藤はよく耐えた。

後年、後藤はこう語っている。

「意気衝天《いきしょうてん》の軍人たちを抑えて自分たちの行政を徹底できたのは、つまるところ、軍人政治家、児玉源太郎の威望であった」

土匪《どひ》にどう立ち向かうか

台湾治政において、最も切実であり、最も困難であった課題は、土匪《どひ》対策であった。当時、台湾には数十人から数百人規模といわれる土匪が多数存在した。大匪と呼ばれる大集団だけでも20を超えていた。

郵便物の配送も数人の警察官に守られなければならない状況で、地位や身分のある人間が旅行する時は、警察の保護が必要だった。

明治31年（1898年）6月3日、源太郎は、軍の幹部を前に「予の職務は台湾を治むるにありて、征討するにあらず」という有名な訓示を与えているが、この中で、「旧時代の土匪は無産の徒だけだった。今は、仕事があり、財産もありながら、土匪の境遇に落ちている者がある。これは、討伐一辺倒の政策に問題があったのではないか。可哀そうな、同情に値する土匪もいる」と述べている。

「敵のせん滅を目的とする軍隊に、きめ細やかに住民と接触して交渉をすることが必要な警察業務を負わせること自体に無理があった」と源太郎はみていた。軍隊を土匪の討伐のため東奔西走させることは兵力の分散にもつながり、台湾の防衛上も好ましくないと判断した。

土匪招降策を実行するに当たって、まず、源太郎は島内に密偵を放ち、土匪の内情をつぶさに調べさせた。説得すれば応じてくれる土匪の頭目が各地に存在することもわかった。

一切の準備が終わった後で、源太郎は全島に向かって、

「総督新たに任に就《つ》いて、土民の帰服をよろこび、汝等《なんじら》一家の団欒《だんらん》を欲する極めて切なり。若《も》し、汝等《なんじら》にして帰順の意志あれば任意に官邸に来るを許し、疑う者あれば民政長官自ら往《ゆ》きて之を説かん」と呼びかけた。

招降策の中味（アメとムチの使い分け）

宜蘭《ぎらん》の総頭領である林火旺や、台北地方の頭目・陳秋菊などが招降に応え始めた。どちらも数百人の手下を抱える大物である。

源太郎は、土匪が帰順するごとに頭目以下の名簿を提出させると共に、彼ら全員を撮影して姓名を記録した政治的戸籍を作成した。「土匪招降策」は「情報収集策」でもあったのだ。

最初に招降に応じた２人を例に出していうと、その後、林火旺は再び蜂起し最後は処刑された。最初に投降した時の名簿や写真などの記録があったおかげで、乱は容易に鎮圧できた。

もう一方の陳秋菊は土匪から抜け出して、樟脳《しょうのう》業で巨万の富を築いた。

このように、再び反乱を起こす者もいれば、土匪の立場を捨てて良民化する者もいた。

源太郎は、帰順してくる者には、道路建設や樟脳《しょうのう》製造などの生業に従事させることで良民化をはかった。開発の進む台湾で、やる気があれば、仕事はいくらでもあった。土匪帰順後の処置の巧みさこそ、源太郎の真骨頂であろう。

この策が順次成功し始めると、

「名は招降だが、実は授産金を与えて歓心を買っているだけではないのか」

「軟弱だ」

「日本帝国は土匪に降参したのか」

という批判の声が、軍部からあがってきた。

しかし、源太郎はびくともしなかった。着々と招降策を進めていった。

明治30年（1897年）から34年（1901年）までの間に8030人の土匪を捕縛し、3473人を殺害せざるを得なかった。

この4年間に、住民側が受けた侵害8903件、土匪により殺害された者2459人、金銭目的で人質となった者4653人、土匪のために失われた住民の財産は102万9723円に上った。もっとも、これは表面に現れたものだけであり、公になっていない損害はさらに大きかったと思われる。

明治35年（1902年）には、5万挺《ちょう》の銃器、10万発の弾薬が没収された。同年5月、土匪大征伐によって、裁判で死刑とした者539人、殺害された者4043人であった。招降に応じない土匪は、台湾から一掃された。

誠意を尽くして交渉するが、どうしても説得できぬ場合は強権を発動する。やる時には徹底的にやらねば効果はあがらない。

これが、源太郎流だ。

「警察大人《たいじん》」と「保甲制度」

源太郎は、総督となった明治31年（１８９８年）に警察制度を改革し、大量の派出所を各地に置いて、台湾の治安を守るようにした。住民から「大人《たいじん》」と呼ばれた警察官の任務は幅広く、住民の日常生活にも深く関わっていた。台湾の警察は内地と異なり、警察業務以外に一般行政を補助執行したり、土匪と交戦したりもした。「大人《たいじん》」とは役人の敬称であり、当時は警察官の別称で、親が聞き分けのない子を「大人《たいじん》が来るよ」と叱るほど、威圧感を伴う呼び方だったという。

台湾の警察官は、明治34年（１９０１年）には５６００人以上に達し、派出所は９３０か所を数えていた。

台湾には、清朝統治時代から「保甲」という自警組織があった。10戸で１「甲」、10甲で１「保」とし、甲には甲長、保には保正をおいていた。

源太郎はこの「保甲制度」を強化し、警察制度の補助機関として活用した。保甲の業務は、戸口《ここう》調査、出入者取り調べ、風水害や土匪・強盗等に対する警戒活動、伝染病予防などあらゆる地域の安心安全を守ることが挙げられていた。保甲は、別に壮丁団を組織して非常事態に備えていた。

「保甲制度」の活用は、警察コストの削減にもつながった。

治安の回復、そして治安の維持こそが、当時の台湾の最大の課題だった。

源太郎の施策は着々と効果をあげていった。

財政の独立をはかる

台湾領有後、維持費として毎年1千万円の経費が必要だったが、そのうち700万円は本国政府より補助を受けていた。国家予算が年に2億円くらいの時の話だ。「このままではお金がかかるばかりだ、1億円でフランスに台湾を売ったらどうか」という議論が国会でされていたほどだった。

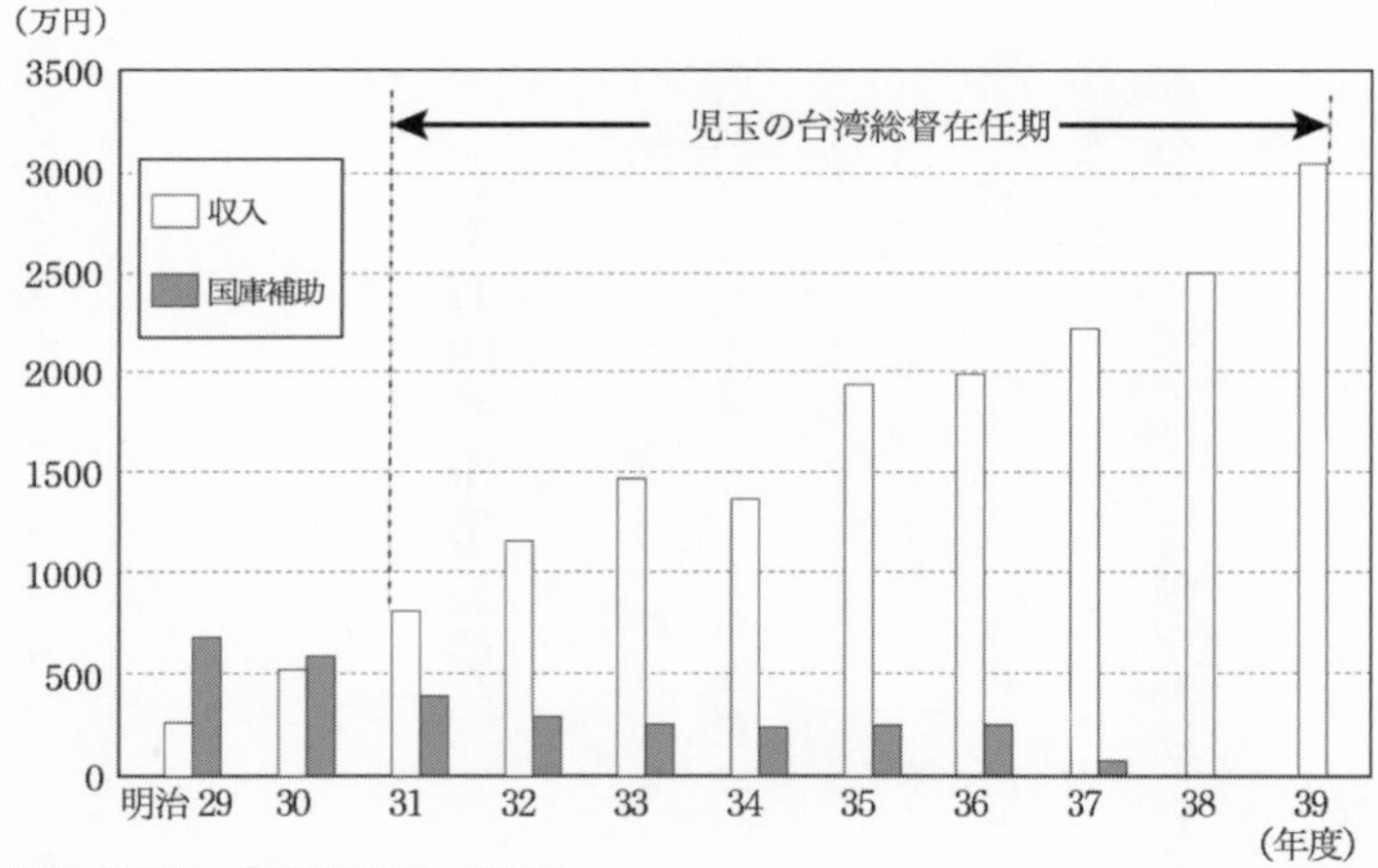

出典：宿利重一『児玉源太郎』より作成。

明治30年～31年（1897～1898年）の議会において、日本政府は補助金を400万円に削減した。

源太郎の着任した明治31年（1898年）度の台湾独自の歳入額は825万円であり、本国よりの国庫補助は398万円だった。

源太郎は後藤に命じ、明治32年（1899年）度からの財政20ヶ年計画を策定した。当初の予定では、明治42年（1909年）度以降には本国からの補助金なしに自立自給することとしていたが、日露戦争の勃発により明治37年（1904年）度限りで、一般会計の補助金を辞退している。最初の計画では総額で3700万円余りの補助金を受ける計画だったが、実際には3000万円程度を受けただけで、台湾の財政は独立したことになる。この業績は大きい。

源太郎の財政運営のキーポイントは、「事業公債」「土地調査」「専売制」「地方税」の実施だった。

一つずつ説明していきたい。

6千万円の事業公債

財政20ヶ年計画案では、明治41年（1908年）度までに財政独立を果たすと共に、「台湾縦貫鉄道」「基隆築港」「土地調査」の3大インフラ整備事業を6千万円の事業公債を募って行なうという内容だった。

計画内容やその規模があまりに膨大であり、公債償還（返済）が可能なのかを巡《めぐ》っても、大きな議論が巻き起こることは必至だと思われた。

事業公債計画についての書類は10チセン近いぶ厚さになった。

源太郎は一晩かけて書類を読み込むと、2、3の質問をしただけで決裁をし、後藤にこう言った。

「君、これは1週間以内に日本に発《た》って行かなければなるまいな。用意はしてあるか」

「別に用意はしておりませんが、発《た》つことはいつでも発《た》てます」

後藤は、日本政府との折衝《せっしょう》のため、すぐに台湾を出発した。上京した明治31年（1898年）10月から、後藤は東奔西走した。各所での根回しがほぼ終わり、ついに大隈重信内閣に承認されるまでになったところで、11月に突如、内閣が倒れて、総理が山県有朋に、大蔵大臣も松方正義に替わってしまった。

一からやり直し。ところが、新内閣は、このとてつもない計画に前内閣ほどの理解を示してくれなかった。

当時、大蔵省の高官であった阪谷芳郎《さかたによしろう》が、こんな記録を残している。（鶴見祐輔『正伝　後藤新平』より）

台湾の事業公債というのは大変に重大な問題で、これには総理大臣の山県さんでさえ驚いた。山県さんから至急来いと呼ばれて、総理大臣の官邸に出かけて行くと、

「こんな電報を児玉が寄《よ》こしたが、気が違ったのではないか」

と言うので、その電報を見ると、6千万円かの公債を起こして、台湾の事業経営をするというのだ。

私は、山県さんにこう言った。

「これは気が違ったのではない。私はよく聞かされている。どうもこのくらいの金は要るらしい」

「それでは、君が聞いておるなら安心した。それから大蔵省でも君がよいということならよいだろう」

というわけで、やっと審議に上るようになったのである。

それからも、紆余曲折《うよきょくせつ》があった。

6千万円は、山県内閣のもとで4千万円に減額され、さらに帝国議会で3千500万円に減らされた。

後藤は民政長官辞職も覚悟した。

後藤を非難する台湾の新聞もあった。

台湾に帰って、総督のところへ恐る恐る報告に行くと、

「君はえらい修行をしてきたな」

源太郎からは、その挨拶だけだった。余分な言葉は一切なかった。

土地調査事業

この時代の台湾の土地の権利関係は複雑をきわめた。

台湾島は、もともと流浪の民によって開拓された土地であった。中国本土から島に渡ってきた移住者が、蕃人《ばんじん》（原住民）を山地に追いやることにより、長い年月にわたって開拓された土地であった。土地の私有制は確立されておらず、強奪によって土地を得るのは日常茶飯事だった。移住者同士の土地争いも多かったが、清の統治時代には行政がほとんど機能していなかったため、民の間に複雑なルールができていた。

大土地所有者である「大租戸《だいそこ》」が君臨し、在村の小地主である「小租戸《しょうそこ》」が開墾して、水を引き、肥料を与え、そして実際の耕作は「小作農」に任せる。「小租戸」は、「大租戸」に対しては上納金を払い、雇った「小作農」からは小作料を受け取る、という煩雑なものであった。

これは制度として確立されたものでなく、「大租戸」も「小租戸」も勝手に土地を譲渡しており、土地の権利はあやふやで、同じ土地にいくつかの小租戸が入り交じっていることもあった。台湾では、土地の私有制はまったく確立されておらず、力による争奪戦も日常茶飯事だった。

明治31年（1898年）9月から、土地調査事業は開始された。

総督府に臨時台湾土地調査局を設置、800余人の職員が数十班に分かれて、台湾全土を調査測量し、一筆ごとに土地の所有者、地番、地目、境界、面積などを確定していった。測量には、日本国内でもまだ普及していない最新の三角測量法が採用された。また、土地調査の助手には台湾人土地所有者の子弟を採用するなど、きめ細かい配慮で地元対策も行なっている。

こうして全島にわたって土地調査が行われた結果、農地の面積が、従来いわれていたものより遥かに上回っていることが判明した。総督府は土地改革を行なって、「小租戸」を土地の唯一の所有者とした。その代わり、「大租戸」には公債を発行して、補償金として交付した。これによって大租戸と小租戸の複雑な二重所有のカタチは解消した。

所有権の確立は、土地の売買の安全性を保障し、日本資本の台湾への投資を誘致するのに役立った。権利の整備により、これまで多発していた武力による土地紛争も無くなった。

調査によって財産権が不明確だとされた土地は、無主の土地として公有地とし、民間に払い下げられた。

土地調査事業によって、農地からの税収入は3倍半に増えた。

明治36年（1903年）戸籍調査令が布告され、明治38年（1905年）10月1日午前零時を期して、全面的な人口調査が行なわれた。全人口312万3千302人、うち日本人（内地人）5万9千人、本島人297万9千人、原住民7万6千人、外国人（主に「支那人」）8千人、がその内訳だった。

専売制度と地方税の導入

後藤が、民政局長として赴任する前の内務省衛生局長時代から熱心に取り組んでいたのが、台湾の阿片問題であった。

オランダ支配の時代から広まった阿片吸引は、台湾の悪習として有名だった。下関講和会議の席上でも、伊藤博文は李鴻章から「日本は阿片と土匪に苦労するよ」と言われている。

後藤は考えた。

阿片を無理やり取り上げても中毒が止むことはない。激しい抵抗を招くだけだ。それもまた、ゲリラが活発化する要因だった。抑え込むのではなく、現実に即した方策を採るべきだ。

医師の診断により阿片中毒を特定する。中毒と認定された者には通帳を発行する。そして、通帳を持参した者だけが、指定された販売者からのみ阿片を購入できる。ただし、政府の専売とし、高い価格を設定する。同時に教育を徹底し、安易に阿片に手を出させないようにした。

実は、源太郎と後藤の2人が赴任する前年の明治30年（1897年）から、台湾では、後藤の案を取り入れて阿片令は施行されていた。それでも、乃木総督時代には阿片対策は少しも進んでいなかったのだ。乃木には「阿片吸引を認めて、それを政府が取り扱うこと」に抵抗があったようだ。源太郎が総督に就任し、ようやく、阿片をだんだんに禁じていく「漸禁策《ぜんきんさく》」が、日の目を見るようになったのだ。

効果は長い目で見なければならない。中毒者の把握だけでも2年半を費やした。その時点で中毒者は17万人に近かったが、17年後には6万2千人、25年後には2万5千人に減少した。阿片の専売が中止されたのは、戦争中の昭和20年（1945年）6月であった。

阿片の専売は衛生目的であったが、産業の振興を目的として明治32年（1899年）に食塩と樟脳《しょうのう》を、そして明治38年（1905年）から煙草を専売とした。樟脳の価格は安定し、塩は3年で6倍の生産高になった。

明治32年（1899年）から地方税制度も導入した。7月の勅令第17号をもって、地租附加税、家税、営業税、雑種税が課せられることになった。

地方税は帝国議会を通すことなく課税徴収され、一度地方税収入に上げられれば議会の監督を受けずに運用することが可能だった。総督の自由裁量に任されていた。台湾地方税会計は「台湾特別国庫会計の安全弁」と言われていた。

こうして源太郎は、様々な方法で、歳入のアップを図っていったのである。

台湾銀行の設立

経済社会の発達のために金融機関の整備は不可欠である。源太郎は、台湾経済の発展を促すため、中央金融機関として台湾銀行を設立した。台湾銀行法は明治30年（１８９７年）に制定公布されていたが、株式募集が予定通り進んでいなかった。このため、台湾銀行補助法が制定され、５００万円の資本金のうち日本政府が１００万円を引き受け、さらに２００万円に相当する銀貨を無利子貸与するなど様々な国の支援策を施すことによって、明治32年（１８９９年）９月にようやく営業開始にこぎつけることができた。

台湾銀行は活動範囲を広域においていた。設立趣旨には、次のように定められている。「台湾銀行は台湾の金融機関として商工業ならび公共事業に資金を融通し台湾の富源を開発し経済上の発達を計《はか》り、なお進みて営業の範囲を南清および南洋諸島に拡張し、これら諸国の商業貿易の機関となり、以《もっ》て金融調和を目的とす」。

同年には「台湾事業公債法」も公布され、台湾銀行は、土地調査事業や鉄道建設、港湾設備に必要な費用3500万円を調達するための、公債発行の要《かなめ》の役割を担《にな》った。明治39年度（1906年）までに公債発行は15回に及んだ。

台湾経済発展のカギは製糖業にあり

明治33年（1900年）には、資本金100万円の台湾製糖株式会社が誕生した。株主は95人で、宮内省も出資していた。

源太郎は、台湾における事業の最大の眼目を製糖業と定めていた。この会社への台湾総督府からの補助は、明治33年度が1万3千円、34年度は5万5千780円となっている。

台湾製糖の設立に参画し、後に社長も務めた山本悌次郎《ていじろう》が、会社創立当時を振り返って次のように語っている。

「当時は、台湾領有から間もなく、いわゆる土匪《どひ》と称して強盗集団が各所に横行していた。しかも砂糖業を科学的に経営した者はまだ台湾に一人もいないし、結果についても確たる信念を持つことが出来ない時代だった。内地から資本を入れようとしてもほとんどこれに応ずる者がいないという状態だった。この時、今日の大日本精糖会社の、その当時社長をしていた鈴木藤三郎という人と私とが、その話をうけて、ついに三井を中心に百万円の株式会社を創立し製糖業を創始することになった」（長田昇『児玉源太郎』より）

台湾における産業育成の最重要事業は製糖業だった。

製糖生産高が伸びず低迷を続ける中で、事態を打開するため、源太郎と後藤は、米国在住の若き農学者、新渡戸稲造《にとべいなぞう》を台湾に招聘《しょうへい》し、産業意見書を早急に作成するよう要請した。明治34年（1901年）のことだ。

「事前に十分な現地調査をした上で意見書を書かせてください」

と言う新渡戸に対して、源太郎はこう答えた。

「台湾の実際を知ると思い切った改良策が出なくなる。実現可能性などに構《かま》うことなく、どうか高い所から見た眼で書いてくれ。植民政策に精通している君には、この国のあるべき姿を示して欲しいんだ」

新渡戸は感心した。

「トップがこのやり方だから、台湾は思い切ったことができるんだ」

「糖業改良意見書」の中には、詳しい内容を盛り込んだ。

源太郎に呼ばれた時の様子を、新渡戸の文章を要約しながら紹介したい。（新渡戸稲造『偉人群像』より）

官邸に行くと、総督は軍服を着て、一人、机の前に座っていた。

机の上には意見書が一冊おいてあった。

「僕はこの意見書を見た。しかも二度も繰り返して見た。僕は書類を二度も繰り返して読むことはしない男だが、台湾財政独立の基《もと》を築く根底論だから念を入れた。そこで聞きたいことがある。君これで行けるのかね」

「行けると思ったから書いたのです」

「本当にこれで行けるね？」

「はい、技術上、学問上から推せば、必ずいけると思います。しかし、この意見書通りに実行するかによるのであって、この中で閣下に特に読んでいただきたいところがあったのですが」

児玉さんはしばらく首を傾けていたが、

「それはフレデリック大王のことではないか」

「全くそうであります」

新渡戸は意見書の中に、かつてプロシアのフレデリック大王（１７１２～１７８６年）が農業改革において警察や憲兵まで使って強制的に進めていったことを書いていた。

「糖業で台湾の財政独立をはかるためにはフレデリック以上の決心を要するものと思います。私の立場ではできないことです。全く総督の決心一つによるところであります」

総督は椅子から立ち上がって、部屋の中をぐるぐる歩き出した。

しばらくあって、総督は再び椅子に戻ってきて、手をふってニッコリ笑いながら言った。

「君、やろう」

この一言が、台湾糖業の今日の大発展の出発点となったのである。

源太郎は、新渡戸のヤル気を引き出した。

明治35年（1902年）、台湾糖業奨励規則および施行細則が発布され、臨時台湾糖務局が設けられた。試作場もつくられた。改良品種の種苗《しゅびょう》を無料で配布し、その肥料代を補助した。養成した苗は相当価格で買い上げた。このため植え付け希望者は激増した。台湾ではそれまで肥料を使う習慣が無かったので、肥料の無料配布も行なっている。住民は耕作法改善による効果を実感した。品質は向上し、生産高は驚異的に伸びていった。新渡戸の意見書によって土台が築かれた製糖業は、大規模製糖工場が続々と建設された結果、生産高は明治35年（1902年）の3万トンから、明治38年（1905年）には8万トン近くに激増し、その後も順調に増加した。昭和期に入ってからは100万トンを突破し、台湾は世界有数の砂糖生産地となった。

道路の整備

当時の台湾には公道はほとんど無い状態だった。台湾島は中央部に3000m級の山が連《つら》なってそびえているため、陸上交通はほとんど発達していなかった。19世紀までは土匪が跋扈《ばっこ》していたので、逆に道路をつくらない方が安全だった。里から里への道はあっても、市街と市街を結ぶような県道・国道クラスの道路は全く無かった。人が２人肩を並べて通行できるような道さえ極めて少なった。清国は「三年一小乱、五年一大乱」と言われるほど反乱の多い台湾の治安維持のためにあえて道路の修築を禁止していた。

道路の無い土地にはじめて公道をつくったのは、日本の台湾討伐軍の工兵隊だった。進軍するために荒野と森林を切り開き、兵器や弾薬、食糧を運搬した。総督府の仕事は、まず道路工事を起こすことからだった。

「石の塊《かたまり》がゴロゴロ転がっているような細い一本道があるだけで、馬を進めようにも馬も歩けないようなありさまだった」という記録が残っている。台湾には２００以上の河川があるが、橋が無く、渡るには竹イカダか渡し船に乗るしかなかった。陸上交通網が整備されたのは、日本統治が始まってからだった。

明治33年（１９００年）、「道路整備規則」が公布された。土匪招降策が実行されてからは、帰順してきた土匪たちも工事を行なった。台湾には、縦横無尽に道路がつくられた。

幅員一間（約1.8ｍ）の道路　　　１４０９里（約５５４０㎞）
幅員一間（約1.8ｍ）以上の道路　７３１里（約２８７０㎞）
幅員三間（約5.4ｍ）以上の道路　２０７里（約８１０㎞）

幅員四間（約7.2m）以上の道路　　　20里（約80km）
以上にあてはまらないが、公道といえる道路２４４９里（約９６２０km）

この道路開設事業の大部分は、源太郎が総督に就任した明治31年（１８９８年）から35年（１９０２年）までの5年間で行なわれた。

鉄道の整備

一方、鉄道事業は道路ほど簡単ではなかった。

清朝時代に基隆《きーるん》から新竹《しんちく》まで敷かれていた延長１００kmほどの軽便鉄道は、勾配《こうばい》がきつくレールは曲線だらけ、そして橋のほとんどが木造で、大雨になると倒壊・流失して使いものにならないというありさまだった。揺れもひどく、急勾配《きゅうこうばい》にさしかかると乗客は降りて後押ししなければならなかった。

日本統治が始まってすぐの明治28年（１８９５年）6月には、台湾鉄道総司令部がつくられている。しかし、用地の買収も工事もなかなか進まなかった。日本国内には台湾・私鉄構想が持ち上がり、東京では台湾鉄道会社も組織されたが、私鉄会社株募集の目標が達成できず事業は失敗。あえなく解散となってしまった。

源太郎は、「総督府が経営する新たな鉄道敷設案」を帝国議会で通過させた。総督府交通局に鉄道部も発足させた。源太郎と後藤は、テーブルの上に広げた30万分の1の地図に、北東部の基隆から南西部の高雄まで赤い線をスーッと一本ひいた。そして、１マイルあたりの建設費いくらという予算を立てたのだといわれる。

明治32年（１８９９年）、予算２８８０万円の10ヶ年継続事業として、基隆から高雄まで総延長４０５㎞に及ぶ本格的な台湾縦貫鉄道の建設工事が始まった。風土病がはびこり、匪賊の襲撃の多い台湾では、工事を担う人間はなかなか集まらなかった。資材を運ぼうにも、港も整備されていない。暴風雨などの自然災害も襲って来た。様々な困難と闘いながら、着々と工事は進められた。

明治41年（１９０８年）４月、予定を2年繰り上げて、縦貫鉄道は竣工した。

この鉄道は今も、台湾の人とモノの大動脈として走り続けている。

港湾の整備

台湾は入り江が少ないため、良い港がないのが欠点だと言われていた。北東部の基隆が島内で一番の港だったが、冬になると季節風が吹きつけ、荒波が収まらない。水深が浅く、暗礁が多く、安全な碇泊地《ていはくち》が無いため、数kmの沖合に投錨《とうびょう》しなければならなかった。日本統治時代の初期には、沖縄・門司・長崎との間に2千トン級の定期航路が設けられていたが、基隆港は船が着いても港内に入れず、サンパン（木造小型船）に乗り換えなければ上陸できなかった。基隆港内では、明治31年（1898年）から明治34年（1901年）までの間に、大小合わせて100艘《そう》近い船が難破している。

港湾整備には、多額の資金と長い年月がかかる。基隆港では、明治32年（1899年）から明治35年（1902年）までの4年間に第一期工事が施工され、防波堤の構築と港内の工事が行なわれた。

帝国議会の承認がなかなか得られず、第二期工事が始まったのは明治39年（1906年）度からだった。第二期工事を全面的に任されたのは若き土木課長の長尾半平だった。長尾は緊張しながら、源太郎と後藤の2人を前に必死で計画の説明を行なった。

「ちょっと待ってくれ、長尾君、そこはどうなってるんだ」

源太郎から厳しい質問がどんどん飛んでくるが、十分に話をさせてもらった。気が付くと２時間近く経っていた。

源太郎が、後藤の方を振り向いた。

「よし、任せてやらせてはどうだろう」

「よろしゅうございましょう」

「それではやってくれ」

一度納得して任せた以上、２人は長尾に一切干渉しなかった。

意気に感じた長尾は全力を注《そそ》いだ。


延長770ｍの岸壁の造成、岩礁《がんしょう》の除去、浚渫《しゅんせつ》、起重機の設置、倉庫の建設、防波堤の築造などが着々と行われ、昭和10年（1935年）まで、４期にわたる築港工事によって整備されていった。東西600ｍ、南北１㎞、いかなる船舶も直接岸壁に横付けでき、１万㌧級以上の船舶が15隻同時に荷役を行なうことができる港として完成した。

基隆港よりやや遅れて、打狗《だぐ》（高雄）港の整備・拡張工事が進められた。

現在、基隆港も高雄港も、国際船の行き交うアジア有数の世界的な港として発展している。

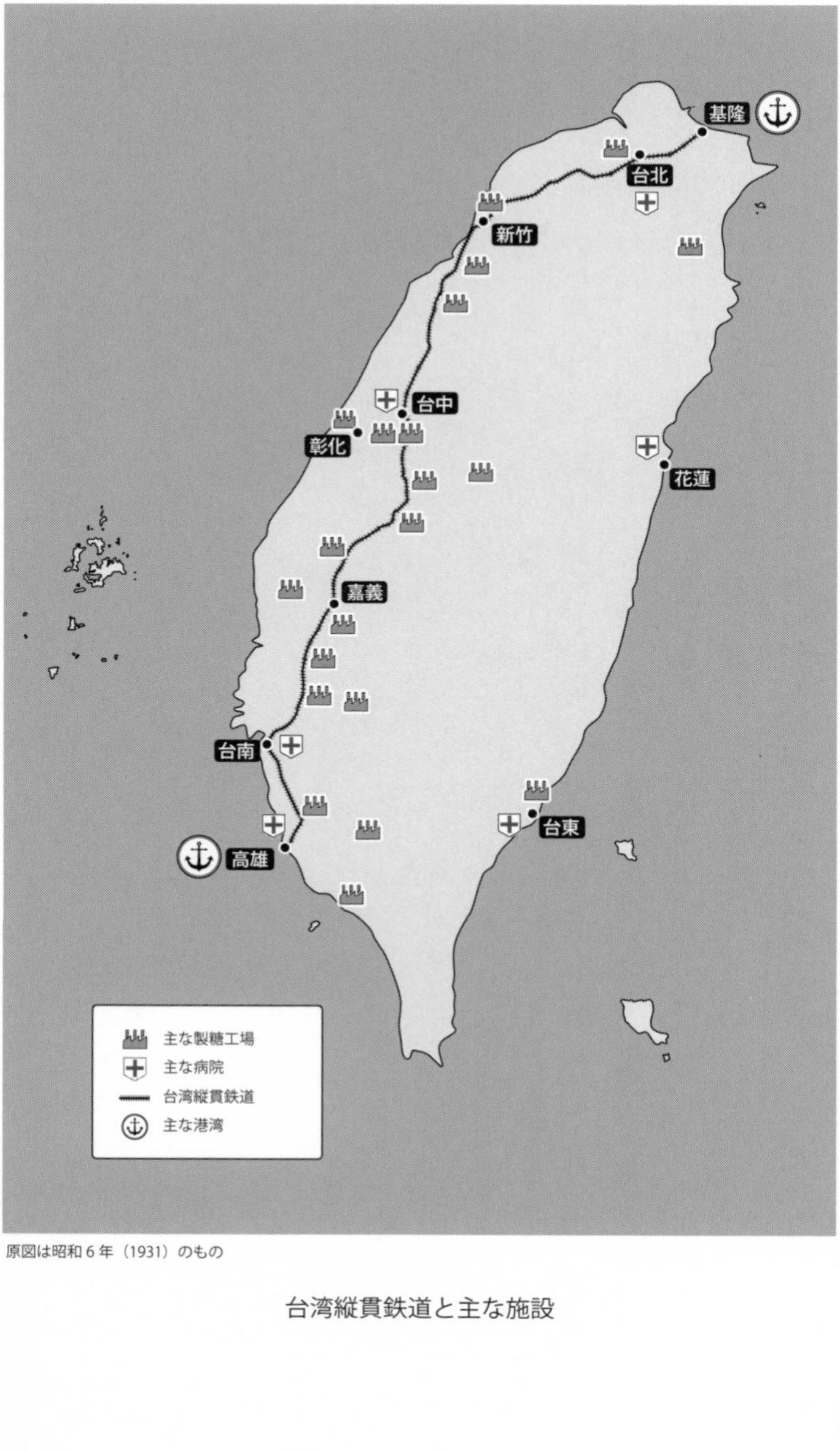

原図は昭和 6 年（1931）のもの

台湾縦貫鉄道と主な施設

水問題の解決

台湾の水は昔から、瘴気《しょうき》（熱病を起こすという山川の悪気）が満ち溢《あふ》れていると言われていた。水問題は大きな課題だった。街の各所では不潔な汚水が流れ出し、糞便《ふんべん》も散らかり、排水溝では悪臭がするというありさまだった。

上下水道の整備は、明治29年（１８９６年）から始まっている。東京の上下水道設計の責任者を務めたウィリアム・バルトンが招聘され、水源の調査や上下水道工事の設計が進められた。明治32年（１８９９年）に彼が風土病で亡くなってからは、東京帝大時代の教え子である浜野弥四郎がその後を継いだ。明治35年（１９０２年）には、基隆《きーるん》水道施設が竣工している。浜野弥四郎は、大正８年（１９１９年）までに、台湾主要都市の上下水道のほとんどを完成させた。台湾では、昭和15年（１９４０年）までに１５６万人分の水道水を提供することが出来るようになった。台北の鉄筋コンクリート造りの上下水道施設は、東京や名古屋より早く建設されている。

また、総督府は、水利を図るため灌漑用水路の整備を進めていった。

水力発電を主とした電力施設も次々と建設され、電灯用などの民生用電力を提供した。明治38年（１９０５年）には台北市街で電灯が点《とも》されている。

八田与一が指揮にあたり、日本国内では前例のない大規模な灌漑水利工事として完成した烏《う》山頭《さんとう》ダム（八田《はった》ダム）も、電力の飛躍的増大を台湾にもたらした日月潭《にちげつたん》水力発電所も、全ては源太郎が総督を務めていた時代の取組みの延長線上にある。

都市計画

日本統治が始まるまで、台湾に近代都市は存在していなかった。人と家畜が同居し、上下水道も、電気も、道路もなかった。井戸の数さえ少なかった。当時の台湾建築は、土の塊《かたまり》や砂石、竹、壊れやすいレンガなどで作られていた。

明治31年（1898年）11月に、台北、基隆で市区計画委員会が設けられ、都市計画は本格的に始動した。台北では、城壁が壊され、電灯・水道が整備され、道路の拡張や家屋の改築が行なわれた。25間（45m）道路の両側には並木を植え、公園をつくり、家屋建築規則を発布した。淡水河《たんすいかわ》には堤防を築き、毎年のように水害に襲われる台北市を守った。街の風景は一変した。

台湾各地の大小の市街で「市区改正」計画が進められた。

衛生環境の改善

台湾は風土病の地だった。ペストやマラリア、赤痢、コレラ等さまざまな病気が人々の命を奪っていた。日本統治の初期、抵抗する台湾民主国軍や、ゲリラとの戦いによる日本軍の戦死者１６４人に対し、病死者４６４人、病患２万６千９９４人という記録がある。近衛師団長の北白川宮能久親王《きたしらかわのみやよしひさ》もマラリアのため病没している。第三代乃木総督の母親もマラリアで亡くなっている。劣悪な環境の台湾では平均寿命は30歳前後と短かった。

この地に衛生制度を整備していくことは、至難《しなん》の業《わざ》だった。

「台湾伝染病予防規則」の発布、地方の長老と政府の共同による予防消毒事業、各地での衛生講演会の開催、検疫所の設置、上下水道の整備、ネズミの駆除等ありとあらゆる取組みが行われた。

明治32年（１８９９年）、台北に総督府医学校が創設され、近代医学教育を導入して、医師として衛生指導と医療行為のできる人材を育てた。当初は、公学校（小学校に似たもの）３年程度の者、日本語を理解する者を集めて教えていったという。台湾では医者は卑しい職業とされていた。日本語のできる者は、収入のいい通訳になりたがっていた。一人前の医師を育てるのは「百年の大計」にも値した。明治34年（1901年）「台湾医師免許規格」が制定されている。

また、即戦力として役立つ人材を確保するため「公医制度」が設けられ、内地から120人を募集して、台湾各地に派遣した。公医たちは医療に従事しながら、まるで宣教師のように各地に衛生知識を伝道していった。

台湾の衛生状態は次第に改善されていき、終戦当時（1945年）の台湾の平均寿命は、60歳になっていた。

台湾の教育

明治28年（1895年）5月、日本統治のスタートと共に、台湾での日本人による教育活動も始まった。7月26日からは台北郊外の芝山巌《しざんがん》で日本語の授業が開始されている。明治29年（1896年）6月に日本語の普及を目的に、国語伝習所が台湾各地14か所に設置された。学科を卒業した者は、政府の通訳などとして雇われていた。台湾領有の初期、新領土学制の目標としたのは「同化主義」の教育だった。

源太郎と後藤は「同化主義」に疑問をもっていた。

「それぞれの地域にはそれぞれの習慣、風俗、文化というものがある。３世代を経なければ本当に民心を理解することはできない。今はまだ日本語を教えていく時代で、日本語で一定方針を教えるという時代ではない。日本語も教えるが、日本人も台湾語を学んで、台湾の事情を知ることに努めなければならない時代である」という会議の席上での後藤の発言に、議論は沸《ふっ》騰《とう》した。

「教育の方針が立たんようなことでどうする」と、教員たちが騒いで源太郎のところへやって来た。

「後藤の言うとおり、それは無方針だ。風習や文化が異なる台湾人にいきなり日本のやり方を押し付けるべきではない。後藤がよく言う、例の生物学の原則だよ」

源太郎にピシャリと言われ、議論はそれきりになってしまった。


さっそく学制大改革が着手された。明治31年（１８９８年）７月から、国語伝習所は「原住民に対して日本語を伝習するところ」とされ、その開設区域も台東と恒春に限られた。他の国語伝習所は、公学校と改められた。この公学校は、教員の赴任・旅費・給料のほかは全《すべ》て地方住民の負担とし、住民からの寄付金または公共収入をもって、この負担に耐えられる地方に限って、開設が認められた。公学校では、8歳以上14歳未満の台湾の子どもたちに国語、算数、唱歌、体操などの6年間の初等教育を行なった。公学校で使う教科書は台湾総督府が独自に編集していた。また、公学校とは別に、明治31年（1898年）日本人子弟を対象に小学校が設けられている。

明治29年（1896年）、日本語教育と教員養成のため国語学校が設置された。国語学校には3科があり、「公学校教員の養成」「中等普通教育」「中等技術教育」を行なった。明治33年（1900年）、国語学校に鉄道科、電信科が設けられ、これを皮切りに、中高等教育・専門教育として、中学校、高等女学校、各種専門・実業学校、盲唖《もうあ》学校が続々と設立されていった。これらはすべて台湾人と日本人の共学だった。エリート養成の総督府医学校と師範学校ができたのは、明治32年（1899年）である。旧制高校や、工業・商業・農業でも高等教育の専門学校がつくられていった。昭和3年（1928年）には、日本国内の大阪帝国大学や名古屋帝国大学よりも早く、台北帝国大学が設立されている。

台湾の言語は多種多様だった。文化、生活習慣も異なっていた。最も多数派の福建人ですら、泉州《せんしゅう》系と漳州《しょうしゅう》系があり、客家《はっか》系とは通じ合うことができない。台湾では、互いに共通性の乏しいたくさんの集団が、狭い島の中で区域を分けて生活していたのだ。このような中で、台湾の諸文化の共通語として「日本語」が登場したのだった。

本国である日本の義務教育の歩みを見てみる。

それは、明治５年（１８７２年）の学制発布から始まった。「男女の別のない国民皆学」を目指したが、その道のりは遠かった。小学校の建設・運営は原則として地元負担であり、授業料もまだ高かった。多くの家庭で子どもは貴重な労働力だったし、地元は学校建設費の捻出に苦しんだ。教育内容も決して満足できるものではなかった。

明治８年（１８７５年）の時点で開設された小学校は２万４千３０３校（２０２０年現在、約１万９千５百校）と、目標とした５万の半分にも足りなかった。そのうち40％は寺院、30％は民家を利用したものであった。教員は１校当たり１～２人、生徒数は40～50人で、これでは江戸時代の寺子屋と変わりはなかった。

政府の進める義務教育政策は、各地で反発を招いた。明治６年（１８７３年）には北条県（現・岡山県東北部）で管下46の小学校の大部分が破壊され、また明治９年（１８７６年）には愛知県や岐阜県の各地で役所・学校・銀行などの公的施設が打ち壊し・焼き討ちの目に遭っている。

義務教育無償化がようやく実現したのは、明治33年（１９００年）だった。

義務教育の就学率の変遷は次のとおりだ。

明治6年（1873年）28％
明治23年（1890年）49％
明治35年（1902年）92％
明治45年（1912年）98％

自国の教育状況がこのようなありさまだった中で、日本は台湾の教育環境の整備に努めたのだ。

源太郎の台湾統治は、英米を代表する高級紙を通じて世界に報道された。明治37年（1904年）9月24日付『タイムズ』（イギリス）、翌25日付『ニューヨーク・タイムズ』（アメリカ）に掲載された『日本統治で変身をとげた未開の島台湾』（『SAVAGE ISLAND OF FORMOSA TRANSFORMED BY JAPANESE』）と題する記事がそれだ。2万字にわたって「寛容な行政のあり方」や「阿片吸引習慣の矯正」「鉄道網の整備」「銀行と通貨制度」を詳報しており、「台湾の教育」についても触れている。

その部分を翻訳して紹介してみたい。

みごとな学校制度の開始

教育は、あらゆる進歩発展の基礎であり、出発点である。日本は、自国の素晴らしい教育制度を台湾に導入した。日本人学校には、60人の教師と2千人の生徒がいる。台湾島民のための小学校は130校あり、521人の教師・教育スタッフが、1万8千149人の子ども達に対して、文明化への道を教えている。

しかし、日本は島民に初等教育を施すだけでは満足しておらず、日本の国が与え得る最高のものを台湾に持ってこようとしている。台湾島民のための医学校と日本語学校、さらには教師養成の師範学校まで設立した。

台湾の医学校には大きな特徴がある。台湾生まれの学生に対して近代科学の正規課程と医学実習を教える、極東唯一の医学校である。台北に本拠を置き、現在約150人の学生が、優秀な日本人教授たちの指導のもとで医学を学んでいる。

日本語学校には二つの役割がある。一つは、日本語を台湾島民に普及させることである。もう一つは、日本人に現地語を習得させ台湾島内で働く教師と通訳を養成することだ。

個人の幸せは、安全、圧制からの自由、身体的健康によるものだけでなく、社会の繁栄に負うところが大きい。そのために、日本は、新しい植民地台湾において、ますますの発展繁栄を目標にしている。

台湾滞在の記録

源太郎の「台湾滞在記録」を紹介したい。

陸軍大臣をつとめていた時に台湾で執務できたのは、わずか2か月に満たない。明治36年7月から38年12月まで、源太郎は、内務大臣、文部大臣、参謀次長を経て、日本の存亡をかけた日露戦争の指揮を前線で執っていた。その間、彼は大好きな台湾に一度も戻ることはできなかった。

ようやく台湾の土を踏むことが出来たのは、明治38年（1905年）の暮れから翌年初めにかけての20日間のみ。長期不在で滞《とどこお》っていた総督としての事務を片付けるためだ。久しぶりに台湾で新年を迎えている。台湾南部巡視も行なっている。

そして、それが最後の台湾行きとなった。

上京総督と言われて

日本統治時代の台湾の歴史が紹介される時は、通常「○○総督時代」と表記される。しかし、源太郎が総督がつとめた明治31年（１８９８年）から明治39年（１９０６年）までの８年間は、「児玉総督時代」ではなく、「児玉・後藤政治」といわれることが多い。

「第四代台湾総督児玉源太郎は、任期中に陸軍大臣、内務大臣、文部大臣や満州軍参謀総長など、日本国の政治・軍事の要職を兼任した。そのため台湾には不在がちであり、児玉

児玉源太郎の台湾滞在記録

年号（西暦）	事項	滞在期間	滞在日数
明治31年（1898年）	2月26日台湾総督就任、3月28日着任	3月28日～12月31日	279日
明治32年（1899年）		1月1日～6月24日 7月28日～12月31日	332日
明治33年（1900年）	12月23日陸軍大臣就任（明治35年3月27日まで）	1月1日～5月1日 7月7日～12月17日	285日
明治34年（1901年）		1月14日～1月20日 10月14日～12月初め	約60日
明治35年（1902年）		5月22日～11月25日	188日
明治36年（1903年）	7月15日内務大臣就任、10月12日参謀本部次長就任	1月29日～3月17日	48日
明治37年（1904年）	2月10日ロシアに対し宣戦布告		滞在なし
明治38年（1905年）	9月5日日露講和条約調印、12月7日東京に帰る	12月29日～12月31日	3日
明治39年（1906年）	4月11日参謀総長に就任し、台湾総督を退任する	1月1日～1月17日	17日

不在の台湾では、総督としての役割を民政長官の後藤新平が果たしていた」からだそうだ。

当時、台湾を留守にしがちだった源太郎は「上京総督」と呼ばれていた。

《このような状況から、今日の台湾の「礎」を築いた第一の立役者として、後藤新平の名が取り上げられることが多いのだが、これに私は異議を唱えたい。

源太郎の総督在任期間は、８年2か月。

不在にしている時が多かったのは確かだ。

しかし、私のまとめた「台湾滞在記録」をもう一度じっくり見て欲しい。

明治31年（１８９８年）３月に着任してから、明治33年（１９００年）12月陸軍大臣に就任するまでのほとんどを、彼は台湾で過ごしている。32年の正月も、33年の正月も、彼は台湾で迎えている。実は、この3年足らずの短期間で、源太郎は『新生台湾』の設計、基礎、骨組みのほとんどを築き上げているのである》

源太郎の業績

治安の回復、行政整理、そして何よりも台湾財政の独立に向けての諸施策の展開を短期間に成し遂げたのは、リーダー源太郎の何よりの功績だ。

映画製作に例えていうならば、児玉源太郎は偉大なプロデューサー、後藤新平は名監督。どちらが欠けても「台湾の礎」を築くことはできなかったであろう。

源太郎は「なに、俺のやったことなど大したことはない。すべて後藤がやり遂げたのさ」と、よく語っていたようだ。

地位にも名誉にもこだわらぬ源太郎ならではの言葉だろうが、明治35年までの４年間の源太郎の業績はもっと知られていい。

後藤新平との出会いが執務スタイルを変えた

総督になる前の陸軍次官時代（明治25年～30年）に源太郎が仕えていた大山巌陸軍大臣は、

いつも茫洋《ぼうよう》とした雰囲気を漂わせている上司だった。定刻に馬車で登庁し、茶を悠々《ゆうゆう》とすすって新聞を読み、正午になると昼食を摂《と》り、部下の報告を聞き、捺印《なついん》して、必ず午後2時になれば退出する。晴れでも雨でも変わらない。こんな大臣だった。

しかし、大山は、若い頃は勤王の志士として国事に奔走し、またフランス留学経験もある砲兵の理論家、そして実戦経験豊かな、正統派軍人だった。万事放任主義のように見えながら、周囲への気配りも忘れず、政治経済外交の諸問題にも精通していた。

大山の本質を見抜いていた源太郎は、大臣に敬意を払い、常に速やかな報告を欠かさず、陸軍省の実務に精通し、細かく気を配り、部内を統制した。

陸軍次官時代の源太郎は、万事に細かい「やかまし屋」として知られていた。全てを任されていた源太郎は、いつもピリピリして仕事をしていた。

いくつかのエピソードがある。

ある部隊の予算表をチェックしていた源太郎。

「この予算表には馬の食糧費が漏れているよ。もの言わぬ馬のために代わって言ってやろう」。ユーモアのようで、実は非常に細かい……。

記憶力抜群の源太郎は、年少の頃から手帳やメモは使用しない。
秘書官や副官がメモを見ながら報告しているのをみて
「ほほう、そういうものを使用しているのか。その歳《とし》でそんな事じゃ将来が案じられるね」
「やかまし屋」の面目躍如《めんもくやくじょ》。

ところが、台湾総督となってからの源太郎は、民政局長に抜擢した後藤新平を信頼し、大きな権限を与え仕事を任せた。

後藤もそれによく応えた。

後藤は、源太郎が不在の時も電報で指示を仰ぎ、手紙での報告も欠かさなかった。

台湾統治の成功は、両者の和合一致にあった。

2人は一心同体となって難治の島「台湾」に新しい命を吹き込もうとしていた。


後藤が、剃刀《かみそり》のように切れる頭脳を持った源太郎を心より尊敬していたことを、何人もが証言している。

尾崎秀真《ほつま》（元台湾日日新報記者、ゾルゲ事件の尾崎秀実《ほつみ》の父）

「後藤さんが児玉さんに対する場合、その態度は実に丁寧なものでした。お話などの調子もまことに慇懃《いんぎん》なものでした。夜分総督官邸の方へ足を向けて床を敷かせなかったと聞いています」

新渡戸稲造（元臨時台湾糖務局長）

「後藤さんは、公務に関する事であると、いかなる些細《ささい》な事でも、これは総督に一通り話してからにするから、1日待ってくれとか、3日待ってくれとか、どんな些細な事でも、民政長官として自分で決定しそうなものだと思う事も、必ず総督の承認を求めたらしい。かくしたからこそ、児玉さんも絶対に後藤さんを信頼したように思われた」

宮尾舜治《みやおしゅんじ》（元台湾殖産局長）

「宿を取るように指示を受け、児玉総督は離れ座敷の二階を、後藤長官にも大きな堂々たる広間を用意した。ところが後藤さんは児玉総督の隣《とな》りの三畳間に入った切り。全身を挙げて児玉さんに奉じておられる。我々の学ぶべきはここにあると思いました」

そして、後藤自身もこう語っている。

「自分がいくら頑張ってみても、児玉さんがいなければ逆立《さかだ》ちをしても、あの３分の１の仕事もできなかった」

人を育てる

後藤の抜擢《ばってき》の如く、源太郎は、一旦これはと見込んだ有能な人材に対しては、可能な限りの待遇を与え、彼らの能力が花開くよう、全面的に信頼して仕事を任せた。

児玉源太郎・後藤新平という魅力的なリーダーに惹かれ、新天地での活躍を目指し、理想に燃えた人材が、新天地台湾に綺羅星のごとくはせ参じ、そして日常の業務を通じて育っていった。数多くの困難に見舞われたが、理想の国づくりに燃えた彼らには少しも苦にならなかった。

参事官の石塚英蔵（十三代台湾総督）。秘書官の関屋貞三郎。土木で長尾半平。鉄道で長谷川謹介。医学で高木友枝。上下水道インフラを手がけた浜野弥四郎。台湾の慣習を調査するために岡松参太郎。後藤新平腹心の三羽烏といわれた中村是公、祝辰巳、宮尾舜治。

源太郎が、正規の学問を受けた期間は短い。しかし、彼は天性の明るく積極的な姿勢とたゆまぬ努力で、独学と実践を通じて己《おのれ》を磨いてきた。そのなかで、陸軍大学校長も経験し、多くの優秀な部下も育ててきている。教育については一家言持っている。

明治35年（1902年）台湾に赴任し、台湾総督府医学校長、台北医院長、中央研究所所長をつとめた高木友枝が源太郎との出会いをこう語っている。

『そもそも私を台湾に連れて来たのは児玉総督で、1日児玉さんから呼び出しがあり、会談5分もせぬうちに、即座に台湾の衛生に関することは全部まかせるからやってくれとの事でした。私が今日まで、この人のためなら死んでもよいと感じた偉人は、全くこの児玉さんでした』

そう思わせる何かを、源太郎は持っていた。

東京帝国大学土木工学科を卒業したばかりの若者が、着任挨拶《あいさつ》のため総督のもとを訪れた。話が、困難を極めていた淡水河護岸工事に及び、

「やれるか」と源太郎から問われ、

「やれるつもりです」と答えると、

「つもりとはなんだ」と叱られた。

「若造が出過ぎた発言は慎むべきだと思いました。確かにやります」

すると源太郎は優しい口調で、

「それでよろしい」と言ってくれた。

若者は、朝一番から役所で事務処理をし、それから現場に出て午前零時まで監督という毎日を雨の日も風の日もたゆむことなく続けた。雨季に入るまでに工事は完成した。彼は、努力と成功の喜びを知ることができた。

台湾の道路、河川の整備に活躍した若き土木技術者の名は、牧彦七。彼はその後、本土に帰って土木界の重鎮となり、横浜市都市計画局長、東京市土木局長もつとめた。

部下の力を実力以上に引き出す神通力を、源太郎は備えていた。

山県有朋の心配

こういうエピソードがある。

陸軍の大御所である山県有朋が、総督に就任する源太郎を心配して、側近にもらしたことがあった。

「児玉は慎重さを欠き、すぐものを言ってしまう傾向がある。おまけに癇癪《かんしゃく》持ちだ。前途に望みのある才器であることを自覚しなければならない」
秘書官が帰任してこれを告げたところ、
児玉は朗《ほが》らかに
「ふむ左様に言われたか。それじゃ今度お目にかかったら老人に必ず伝えてくれ。ハッハッハッ、君子は豹変《ひょうへん》するとね」
この時から、有名すぎる児玉源太郎のカミナリを台湾ではまったく見なくなったそうだ。常に向上心を忘れぬ源太郎だった。

もっとも、「慎重さを欠き、すぐものを言ってしまう傾向がある」には異論を唱える人がいる。当時の部下大井成元《おおいしげもと》（源太郎より11歳年下、山口県出身、後の陸軍大将）が、昭和になって過去を偲《しの》んでいる。

「児玉さんが重大事に2、3時間しかかけないで対策案を示すので『慎重さを欠く』とされたようだが、児玉さんの決断は迅速で正鵠を射ていた。児玉さんと同じ結論に達するまでに山県有朋さんは6か月、寺内正毅さんは2年かかっていた」

新渡戸稲造によれば、源太郎はどんなに複雑な問題でも、即座に理解して裁断を下すことができる。後藤新平が理解するまでに20分はかかる技術的問題も、源太郎は10分で理解したという。

台湾住民との交流

源太郎は、折《おり》を見ては各地をまわり、地元の有力者や古老と積極的に交流を持った。着任後４か月の明治31年（１８９８年）７月には、早くも「饗老典《きょうろうてん》」という敬老会を開いている。最初に台北で行なった時は、80歳以上の高齢者３００人余りと付添人７００人余りが総督府に招待された。源太郎が長寿の祝辞を述べた後、宴会、支那の芝居、音曲、西洋音楽などたくさんの余興と昼宴を楽しみ、１００歳を超えたものには鳩杖、その他の参加者にも記念品が配られた。老人たちは大喜びだった。この饗老典《きょうろうてん》はそれからも各地で開催され、いずれも大盛況だった。

明治33年（１９００年）３月、源太郎は「揚文会《ようぶんかい》」という催しを企画した。台湾にも清国の科挙（官吏登用試験）の合格者はいたのだが、日本領になってから登用されることがなくなり、なかには不満に思う者もいた。源太郎はこれら秀才に加え各地の学者、有識者、文化人合わせて数百人を台北に招待して、盛大な会食の場を設け、文化・教育の振興をうたいあげた。

源太郎は、各自のその地方における人望や得意分野を事前にしっかりと調査したうえで、それぞれに「詩」を揮毫してもらったり、「書」をリクエストしたりした。

台南の蔡国林という老人は、娘に書の才能があることでも招待されていたが、「蔡国林さん、あなたは詩に練達しておられると聞いていますが、記念に令嬢の書との合作をぜひ所望したい」と、源太郎からわざわざ声をかけられた。その名を総督に知られているのさえ名誉であるのに、さらに愛娘との合作を望まれ、蔡国林の感激は絶頂に達した。総督に捧げた作品を源太郎が絶賛するので会場は大いに盛り上がった。

何れも地方で尊敬を集めている名望家たちは、皆、源太郎のファンになっていった。

台湾の福祉事業

清時代の台湾にも、孤児や身寄りのない老人を収容する福祉施設はあったが、名のみの存在で実質は伴っていなかった。源太郎は就任間もない明治31年（１８９８年）５月から、台北の「養済堂」の再興に着手し、その後、「育英堂」「仁済堂」など各地の福祉施設の整理統合を行なっていった。

自らも率先して寄付金を出し、部下からも募って1万円の現金が集まった。これに、明治31年（１８９８年）、英照皇太后の崩御に際し、台湾総督府に下賜された1万5千円を加えてこれを基金とし、事業はスタートした。台湾の有力者にも広く寄付金を呼びかけた。その後、基金は十数万円に増額された。

「養済堂」は「仁済院」と名を変えた。身寄りのない者の救済だけでなく、一般貧困者への治療や行旅病者、精神障害者の救護も行なうようになった。食料費、被服費も場合に応じて与えられた。

明治32年（１８９９年）8月には、総督令として「台湾窮民救護規則」を公布している。日本国内で「済生会」が設立されたのは明治44年（１９１１年）だが、台湾では既にこの種の貧民に対する福祉事業が完全に出来上がっていた。

地元信仰を大切にする

台湾南部に鳳山城《ほうざんじょう》という有名な城がある。鳳山城統治に活躍した人物に曹謹《そうきん》という偉人がいる。曹謹は灌漑用水路を開設し、周辺を台湾でも有数の実り豊かな地域とした。土地の人たちは、鳳山城内に曹公祠《そうこうし》と曹公碑《そうこうひ》を建立し、代々、曹謹の徳を偲《しの》び祭っていた。

ところが、日本統治が開始された後、曹公祠のある一帯が病院として開発され、地元の人々は自由に敷地に立ち入れなくなった。このため、祭祀は廃絶せざるを得なくなった。

明治33年（1900年）12月、台湾南部を視察した際に、そのことを知った源太郎は、曹謹の事績《じせき》を詳《くわ》しく調べ、この地の鳳山庁長を呼び出した。

「曹謹がどういう人物か知っているか？　曹公祠のことを知っているか？」

「まったく存じ上げません」

源太郎は、曹謹がいかに優れた人物であり、地元住民から崇敬されているかを解説した上で、

「地元の人たちが慕っている（源太郎は「尊信」という言葉を使った）賢者に対しては、我々為政者側の人間もその偉大な事績を学ぶと共に、尊敬の念を忘れてはならない」と諭《さと》した。

さっそく、行方不明となっていた曹公碑を捜索させると共に、曹公祠の復興費を寄付し、祠《ほこら》へ地元住民が自由に立ち入り出来るようにした。

碑石は病院炊事場《すいじば》の井戸の傍に敷いてあった。早速復元された。曹公祠もきれいに修復され、住民は前にもまして年々盛んなる祭典を執り行なうことができるようになった。

陸軍大臣に就任、兼務となる

総督就任3年目の明治33年（１９００年）12月、源太郎は、急きょ第四次伊藤内閣の陸軍大臣を務めることになった。前任の桂太郎が在職2か月で辞職をしたためだ。その時の様子を、鶴見裕輔『正伝　後藤新平』より要約して紹介したい。

12月17日、児玉総督は、伊藤首相の急電を受けて、突然上京することになった。交渉の結果、桂太郎の後を受けて陸軍大臣の椅子に就くこととなった。時に、明治33年（１９００年）12月23日。もっとも、児玉総督の陸相就任は、台湾の治政に妨げにはならなかった。伊藤内閣は、児玉・後藤の意見を容《い》れて、児玉新陸相の台湾総督兼任を認めたからである。台湾の実際的統治については、後藤民政長官が在任するかぎりまず安心であった。むしろ、中央政府との関係いかんに、その重点を置いていた当時の植民地統治の上から言えば、総督が内閣に一つの椅子を占めていることが、かえって好都合でもあった。

台湾総督との兼任が、陸軍大臣を引き受けるにあたっての大きな条件だった。

「うかつな者が総督になれば、台湾はもとの台湾に戻ってしまう」

これが源太郎の切なる思いだった。着任して2年9か月、まだまだやらねばならぬことが山ほどある。さいわい源太郎が離れても、台湾には「児玉イズム」の身に付いた民政長官の後藤がいる。大切なことは逐一報告してくれる。台湾統治の大きな流れは変わらないので安心だ。

当時の記録を辿ってみる。

明治33年（1900年）12月17日　東京に向け台北を出発
12月22日　東京着
12月23日　兼任陸軍大臣
明治34年（1901年）1月5日　台湾に向け東京出発
1月14日　台湾に帰任
1月20日　東京に向け出発
1月25日　東京着

現代のようにジェット機でひとっ飛び、4時間で行き来ができる時代ではない。台湾の総督と、第四次伊藤博文内閣での陸軍大臣を兼任することは、精神的にも肉体的にも負荷がかかり、並大抵のことではなかったろう。

ところで、伊藤内閣の渡辺国武大蔵大臣はガンコな緊縮財政主義者で、「公債に依存した事業の全停止」をドンドン進めようとした。例えば、当時は鉄道の建設はすべて鉄道公債によって賄《まかな》うことになっていたから、このままでは新規どころか既存の鉄道工事も皆、中止になってしまう。いくら説得を続けても渡辺は絶対譲らない。閣議は紛糾した。渡辺は自ら辞めようとはしない。旧憲法下では、総理大臣の権限が弱く、閣僚のクビを切ることができない。明治34年（1901年）5月、伊藤は辞表を奉呈した。自ら身を引いたのである。

後継は難産だった。井上馨《いのうえかおる》も有力な首相候補だったが、紆余曲折の結果、源太郎の後押しもあって、6月2日に桂太郎内閣が誕生した。源太郎は引き続き陸軍大臣を受けることとしたが、台湾治政の方が気がかりのため、期限付きの留任ということであった。だが、桂は源太郎を大いに頼りにしていた。源太郎の留任を、千人の味方を得たように喜んだ。結局、源太郎は明治35年（1902年）3月まで約1年4か月、陸軍大臣をつとめた。

陸軍大臣としての源太郎の仕事ぶりは颯爽《さっそう》としていた。その事務決裁は次官時代にもまさり、水の流れる如《ごと》くだったという。疑問点が出てきた際は、必ず起案者である担当職員を呼び出し、直接の説明を受け納得の上で直ちに裁決した。長年実務に携わり省内事務に詳しい源太郎ならではの、急所の押え方だった。

第16回帝国議会

源太郎は陸軍次官に就任した明治25年（1892年）以来、帝国議会において何度も説明や答弁を行なっており、今は、その速記録がネットで検索できる。

ところで、第16回帝国議会で「台湾総督府問題」は重要議題となった。台湾で発行されていた日刊『台湾民報』を発信源として、当時、日本の言論界では、しきりに台湾総督府批判が行われていた。

明治35年（1902年）2月14日の貴族院予算委員会では、総督である（陸軍大臣兼任）源太郎自らが、2時間にわたって「台湾統治の歩みと現状」について説明し、議員からの質問に答えている。

まず源太郎は、赴任《ふにん》当時に台北城内の総督官舎にまで土匪の銃声が響くようなありさまだったことから話を起こし、これまで4年間の「土匪対策」の全容について詳しく説明している。答弁の多くの部分を、土匪対策に割いており、総督政府がいかに多大な人材とお金、エネルギーをそのために注ぎ込んでいたかがよくわかる。

歳入増への取組みや産業の育成について、製糖業への挑戦、財政20ヶ年計画について、鉄道・港湾の整備について、公債発行による資金調達、阿片や樟脳などの専売制度について、土地調査とそれに伴う権利の調整、地方行政の大整理、教育制度の整備、衛生環境について…。

心を込めて、源太郎は語った。

源太郎の熱弁は、一同の心を揺さぶった。

予算委員会の提出案件は、すべて可決された。

（巻末に、この予算委員会の速記録の一部を現代語に書き起こして、収録している）

陸軍大臣の辞表を提出

「陸軍大臣」と「台湾総督」、二足のわらじは、やはりキツイ。

陸軍大臣としても、軍政大改革をはじめ、たくさんの成果をあげつつあった源太郎だが、この時点での台湾経営は自分でしかできぬと考えていたようだ。まだまだ、台湾でやり残していることが山積している。民政長官の後藤と、それを補佐する石塚英蔵の不協和音も気になるところだ。明治34年（1901年）の11月には総督府官邸に日本・台湾の有力者を招き、「台湾の殖産興業についての大方針」も訓示している。自分は台湾総督に専念したいとの思いが日に日に強くなっていく。

この頃、源太郎は、何度かにわたり桂太郎にあてて辞表を書いている。

「去年の12月、陸軍大臣が病気で辞職したため止むを得ず兼任することとなりましたが、〝二兎を追う者は一兎をも得ず〟の喩《たと》えもあります。今は一日も台湾を離れることができない状況です。ぜひとも陸軍大臣の兼職を免じて台湾総督に専従させてください」（辞職願草稿を要約）

何度か辞表撤回を繰り返したのち、明治35年（1902年）3月27日に参謀次長寺内正毅に後を譲って陸軍大臣を辞することとなった。閣外から桂総理を応援したいという思いもあった。何しろ、議会対応は大変だった。

源太郎は、この後台湾に戻り、総督として、土匪の大討滅や第二期事業計画の推進という最後の仕事を進めることになる。

第二期事業計画

６千万円の台湾事業公債が内閣により4千万円に減額され、さらに議会により3千500万円まで削られた明治32年（1899年）から、源太郎と後藤の資金調達の苦労は始まっている。当初の予定ではこうだった。６千万円の事業公債を発行することによって、鉄道、港湾、土地調査の三大インフラ整備を行なう。土地調査により地租収入の増大をはかる。交通インフラの整備を行ない、産業振興をはかって、公債を償還する。経済の好循環により、さらなる発展を目指す。

この台湾事業公債案の６千万円が削られた時から、「ともかく公債案を通すことが大切だ。事業に着手しさえすればいい。その間に実績をあげれば政府も議会もわかるはずだ。第二期、第三期計画によって、５千万円にも６千万円にも増額することは容易だ」という考えがあった。

山県内閣と「公債額4千万円減額の件」について交渉中だった後藤に対して、源太郎は台湾から次のような電報を打っている。

【明治32年（1899年）2月4日午前10時発信】

「事業公債ノ件ハ当分、築港費1千万円ノ中800万円と大租買収費1千200万円ヲ減ジ置キ、先以《まずも》ッテ4千万円ト減定シ、更ニ35年度ニ於テ、残額2千万円ヲ募集シ、築港事業ヲ継続シ、及大租権ヲ買収スルノ意味ナラバ差エナシ。一日モ速《すみやか》ニ議会ニ提出スルヲ望ム」

「港湾整備は1千万円ではなく200万円からスタートしよう。土地調査をした後に発生する大租戸（大地主）に払うべき1千200万円も今はあきらめよう。明治35年に追加でもう2千万円の公債発行を行なおう。4千万円減額で手を打って、早く議会に提出せよ」という内容だ。

明治32年に減額を承知したのは、これだけの深いヨミに基づいてのことだった。

第二期事業計画は、縦貫鉄道の建設・築港・土地調査という三大事業の継続と、阿片・樟脳・食塩の専売の実施により歳入をはかるというものだった。第二期公債が認められなければ事業がストップしてしまう。特にここで工事を止めてしまえば、防波堤の完成していない基隆築港工事の今までの努力が水の泡になってしまう。

源太郎は、全力で第二期事業計画の承認に向けて取り組んだ。

帝国憲法下では議院内閣制をとっておらず、議会と内閣の対立は深かった。絶対多数の議員を擁する政友会総裁伊藤博文と総理大臣桂太郎の調停に奔走《ほんそう》したが、議会の解散や予算の否決など、源太郎は何度も煮え湯を飲まされた。交渉の過程で源太郎は伊藤博文に「絶交宣言」を送りつけたりもしている。最後は、桂総理の英断で「基隆築港費は第二期計画決定まで予備費40万円を支出する」ことになり、継続事業はストップすることなく事無《ことな》きを得た。

児玉文庫

陸軍大臣を辞して台湾総督専任となってからの1年数か月間は、源太郎の人生の中でも一番ゆとりをもって日々を送ることができたのではないだろうか。

明治35年（１９０２年）５月22日、源太郎は日本から台湾に帰ってきた。３日後の５月25日から、後藤民政長官は新渡戸稲造を同行して、半年間の欧米巡遊の旅に出ている。台湾での諸施策も着々と成果をあげつつある。後藤不在の総督府の様子を見ながら、「自分の後は後藤に任せても大丈夫だ」という気持ちが源太郎のなかで強くなってきたのではないか。

何よりも、源太郎は台湾を愛していた。台湾の人たちと触れ合うのも大好きだった。休日に

源太郎が野菜の栽培を奨励するために造った「南菜園」
（周南市美術博物館提供）

は郊外の菜園で野菜をつくるのを楽しんだ。園内に「普泉」と名付けた井戸を掘って、周辺の住民にも自由に使わせた。近所の農民とも気さくに談笑した。

源太郎は郷土を愛する気持ちが強い。台湾と東京の往復の合間《あいま》に徳山に立ち寄ることが増えた。

明治35年（１９０２年）、徳山の児玉邸（現在の児玉神社と児玉公園の一部）の敷地内に、「三五庵」という建坪15坪（約50平方メートル）ほどの草ぶきの小さな別荘を建てている。庭の植木や置石の配置も源太郎が考えた。「将来引退したらここに住むんだ」とも語っていた。「三五庵」の由来は、明治35年に建てたからだとも、３５０円で建てたからだとも、三間×五間の建物だからともいわれている。

また、義兄次郎彦が横死した際に没収された生家を買い戻して、明治35年（１９０２年）４月から私設の図書館「児玉文庫」の建築に着手した。邸内には庭園をつくり藤棚を設けた。義兄次郎彦の石碑も立てた。この地を「藤の園」と名付け、源太郎自らも藤園と号した。

明治36年1月23日、源太郎は「児玉文庫開庫式」に出席して挨拶を述べている。源太郎自身は、少年時代から苦労を重ね、学校には通えない中で自ら学ばざるをえなかった。読書の大切さを誰より感じている。児玉文庫には、本に親しむことの少ない徳山の子どもたちに、少しでも勉強してもらいたいという源太郎の切なる願いが込められている。さぞかし感慨ひとしおだったであろう。まだ日本で公共図書館が珍しかった時代だ。この文庫の設立は国内だけでなく、遠くイギリスの「日英新聞」でも紹介されている。

源太郎がつくった「児玉文庫」
（写真パネル、周南市美術博物館提供）

児玉文庫は、昭和20年（１９４５年）の戦災で焼失するまで、4万3千冊の蔵書を備える地元文化の要だった。（現在、周南市立中央図書館は、児玉文庫にちなみ、愛称を「児玉文庫メモリアル」と定めて「児玉文庫・児玉源太郎資料コーナー」を設置している）

明治36年（１９０３年）の春には、娘を連れて帰郷している。一緒に白魚料理に舌鼓をうったり、墓参りをしたりもしている。徳山中学校での演説内容も速記録が残されている。

児玉文庫にちなんだ「児玉文庫メモリアル」の銘板（左）
児玉文庫の開設百周年を記念し、平成15年（2003年）に建立された記念碑（右）

明治36年（1903年）6月からは欧州、南アフリカ、アメリカへ向けて外遊の旅にでることになっていた。新渡戸稲造が同行の予定だった。6月25日に送別会も行われた。

明治36年7月を迎えた。源太郎、あと、3年の命。

日本を救う最後の大仕事が待っている。

日露戦争については第4章で詳述しているが、その前に源太郎の一生をその生い立ちから振り返ってみたい。

第2章

生い立ち篇

〔1852～1867〕

長州毛利徳山藩に生まれる

源太郎が産声を上げたのは嘉永5年（1852年）閏2月25日（新暦に直すと4月14日）。ペリーが浦賀に来航する前年にあたる。日本全体が不穏な空気に包まれつつあった時代だ。産まれたときは八月児《やつきご》（未熟児）だったという。彼は大人になってからも、身長5尺（約150㎝）と小柄だった。父は、毛利萩藩（長州藩）支藩である徳山藩士（禄高100石）、児玉半九郎42歳。祖母と母と姉2人を入れた6人家族だった。

源太郎の生誕の地に産湯の井戸が残っている

安政3年（1856年）10月19日、父半九郎が急死する。藩への届など正式記録は病気としか記載されていないが、性直情だった。半九郎は上司から睨《にら》まれ座敷牢に閉じ込められての憤死だったとみても良いだろう。尋常な死に方ではなかったことだけは確かなようだ。

源太郎は、当時まだ5歳。藩の規則では15歳を過ぎないと相続権がないため、児玉家では浅見栄三郎の次男17歳の次郎彦を養嗣子《ようしし》とした。次郎彦は姉ヒサと婚姻して家督を継いだ。

次郎彦は身長6尺（約１８０㎝）、剣術に熟達し、学問にも優れ、何事にも動じない性格だったという。藩の大目付、京都留守居役《るすいやく》として活躍後、藩校の助訓役・学寮長も務めている。勤王の志士として、久坂玄瑞《くさかげんずい》らとも親交があった。頼もしい義兄に育てられながら源太郎は成長した。

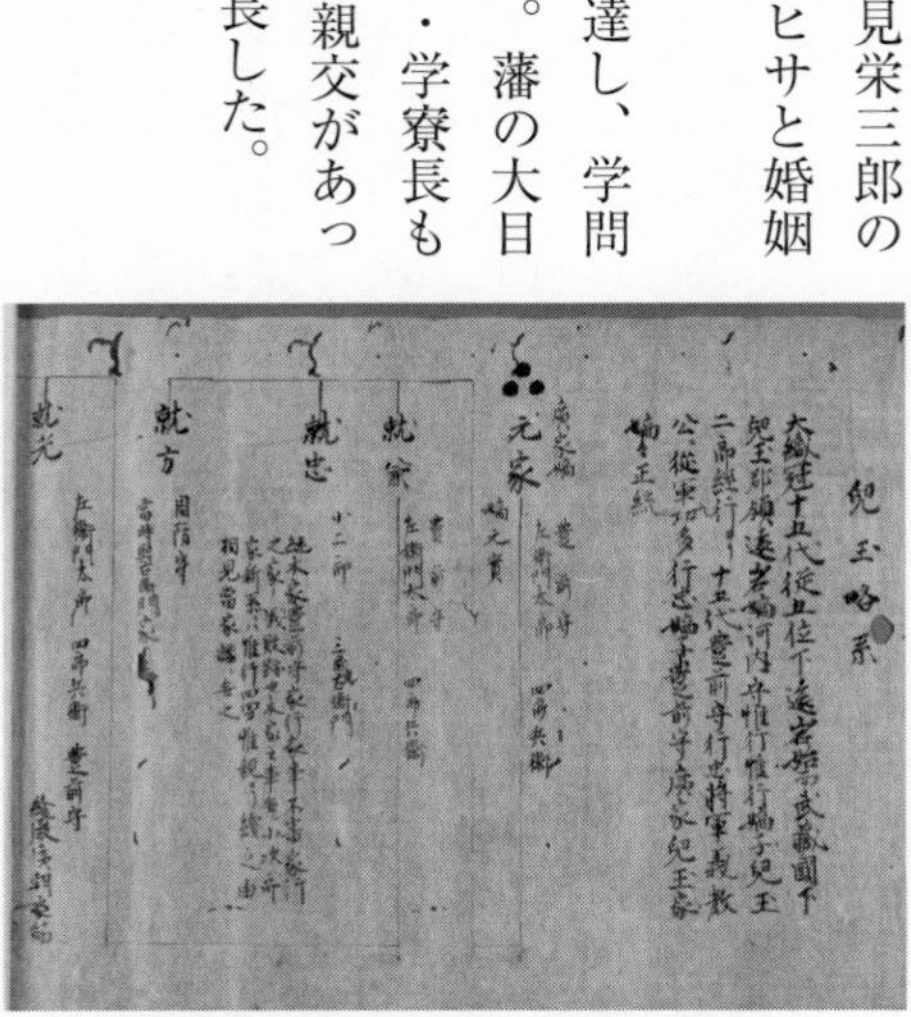

児玉家系図（周南市美術博物館提供）

幕末の混乱のなかで

安政6年（１８５９年）7月、源太郎は8歳で藩校・興譲館に入門した。

幕末の日本は、毎年毎年が激動の連続だった。安政5年（１８５８年）、井伊直弼が大老に就任。安政6年（１８５９年）、勅許《ちょっきょ》のないまま横浜・長崎・函館が開港され、その強硬策は安政の大獄につながった。維新の精神的指導者、吉田松陰も処刑された。桜田門外の変で大老井伊直弼が水戸浪士らに暗殺されたのは、万延元年（1860年）3月のことだった。

源太郎が10歳の文久元年（1861年）、長州藩は、直目付の長井雅楽《ながいうた》が唱えた「航海遠略策《こうかいえんりゃくさく》による公武合体《こうぶがったい》と開国」を藩論として、幕末の表舞台に躍《おど》り出た。文久2年（1862年）、藩論は「破約攘夷」に変じ、長井は失脚して切腹を命じられた。文久3年（1863年）、「公武合体策」の一環として皇女和宮を正室に迎えていた第十四代将軍徳川家茂は、京都に上洛し、5月10日をもって「攘夷実行（外国船への攻撃）」を孝明天皇に約束した。「攘夷」の日が決まり、その主唱者である長州藩の意気は揚がった。しかし、状況は二転三転し、朝廷の方針が急変して、「攘夷」の実行も大和への行幸《ぎょうこう》も中止された。会津藩と薩摩藩のクーデターにより、長州藩は御所での警備の任を解かれ、三条実美《さんじょうさねとみ》ら尊王攘夷派の七公卿とともに京都から追放された。文久3年（1863年）8月18日のことである。

この頃、徳山の児玉家には、久坂玄瑞、寺島忠三郎、前原一誠、周布政之助といった尊王攘夷の大立者が訪問して議論を交わした。次郎彦は源太郎を同席させて話を聞かせたそうだ。詳しい内容は理解できなくとも、公心《おおやけごころ》溢《あふ》れる志士たちの言動が源太郎の精神形成に大きな影響を与えたことは間違いない。

明けて元治元年（1864年）、源太郎13歳。

長州藩にとっては受難の年となった。

6月5日、池田屋事件によって多くの勤王志士が新選組の犠牲になった。

7月19日、長州は禁門の変（蛤御門《はまぐりごもん》の変）を起こす。三家老が毛利侯父子及び七卿の冤罪《えんざい》を晴らすため兵を率いて上洛したものの、各地で大敗を喫《きっ》した。戦いは一日で終わったが、これによって京都の民家（８００ヵ町・2万7千世帯）や寺社などを焼き尽くす大火災が発生した。御所《ごしょ》に向けて発砲したという理由で、長州藩は朝敵となり、長州藩追討の勅命が出された。

8月5日から7日にかけて、17隻《せき》のイギリス・フランス・オランダ・アメリカの4か国連合艦隊が集結し、下関の砲台を砲撃して占拠し、徹底的に破壊した。

長州藩は八方ふさがりの状況となった。

徳山藩内でも、幕府に恭順するか（俗論派）、それとも幕府と戦うか（正義派）で藩論が分かれ、本藩の「俗論派」と通じた当役の富山源次郎が藩政を主導するようになった。

当時の記録を辿《たど》ってみる。

7月、幕府は中国、四国、九州の21藩に出兵準備を命令した。

8月4日、宇和島藩主伊達宗徳《だてむねのり》の使者として清崖《せいがい》、晦厳《かいげん》の2人の僧が徳山に到着した。清崖は徳山藩士生田森衛の弟であり、晦厳は徳山藩に仕えている島田蕃根《しまだみつね》の師にあたり藩主元蕃《もとみつ》とも面識があった。8月5日、元蕃は2人に対面して伊達宗徳よりの口上を聞いた。そして、これを伝えるため山口（当時長州藩庁は萩から山口に移っていた）に使者を送った。尚、清崖、晦厳の両名は本藩の回答に不服で、８月11日に徳山を発ち帰国した。

８月８日、三家老のひとりである国司《くにし》親相《ちかすけ》が徳山に到着し、澄泉寺に幽閉された。（後に11月12日、切腹）

長州征討の大軍と戦うのか（正義派）、謝罪するのか（俗論派）。謝罪するにしても、三家老の首をさし出し、ひたすら謝罪して幕府に服従の態度をみせるのか（俗論派）、一応恭順の態度はあらわすが、時間をかせいで武備をかため、あくまでも幕府に対抗するのか（正義派）、長州藩では、本藩支藩を交え喧々《けんけん》囂々《ごうごう》の議論が巻き起こっていた。

当時の徳山藩は、当役だった富山源次郎を中心に、要職の間で俗論派の勢いが勝《まさ》っていた。正義派の中に「なんとかせねば」というあせりが生じていた。

義兄次郎彦の暗殺

こういう状況下、８月９日の夜、事件は起こった。

当役・富山源次郎の暗殺未遂である。

あいまいな点が多く、真相は今一つ不明なのだが、実行犯は河田佳蔵《かわたかぞう》であり、それを手助けしたのが源太郎の義兄、児玉次郎彦とされている。

次郎彦は、前年の8月18日の政変で堺町御門の守備を解かれて以降、藩主に従って徳山に帰り、藩校・興譲館の助訓役・学寮長として後進を導くとともに藩政に関わっていたが、正義派の中堅として俗論派との争いの前面に立っていた。

河田佳蔵は、次郎彦と兄弟のように交わっていた。歳も同じ23歳。浅見門下（栄三郎、次郎彦の実父）で剣技を修め、京都で共に周旋方をつとめ、現在は萩詰めの留守居役や先鋒隊の元締め役も兼ねている。本藩の正義派グループとの付き合いも深い。

次郎彦は、河田から相談を受けた。

「執政の富山源次郎を倒して徳山の妖雲をはらうべし。我が親族でもある富山の屋敷を訪問し、大いに反省を促したい。若し拒否すれば、間髪を入れずに切りかかるので、次郎彦殿は、屋敷に忍び込んでいて、時が来たら加勢して欲しい」

次郎彦の屋敷と富山邸とは隣り合わせである。次郎彦は、打ち合わせ通り裏から忍び込み、河田と富山の激論を聞きながら機会を狙っていた。ところが、運の悪いことに富山の下男に見つかってしまった。下男は、直ちに河田と激論中の富山に知らせた。槍を取ろうとする富山に、すかさず河田が一撃を加えたが、致命傷を与えることはできなかった。河田は、岩国を目指して徳山を出奔《しゅっぽん》した。次郎彦は、城下で待ち合わせていた同志たちのところへ報告に行った後で、自分の屋敷に戻った。

一日置いて、8月11日から、俗論派による粛清の嵐が吹き荒れた。俗論派は、河田の暴発をチャンスと捉え、正義派の一掃をはかったのだ。正義派の面々は、職を奪われ、屋敷に幽閉された。

次郎彦の兄、浅見安之丞もその職をはく奪された。11日の夕刻から浅見家では親族が集まり善後策を練っていた。次郎彦もこの話し合いに参加していた。そこへ、義弟の源太郎が次郎彦を呼びに来た。浅見家と児玉家は500mくらいの距離である。

「兄上、藩命により児玉家でも親族会議を開くようにと通達がございました」

さっそく、源太郎と次郎彦は児玉家へと帰途に就いた。夜は次第に更けていく。この年は暑い夏だったそうだが、背中からじわじわと冷気が全身に染《し》み入るように感じられたという。午前零時が過ぎた。すでに日付は変わっていた。

覆面をした侍たちが十数人、あるいはそれ以上の人数で後をつけてきた。

「掛かれ！」「掛かれっ！」。首領らしき人物が小声で強く命令し、足音をしのばせてひしひしと近づくが、颯爽《さっそう》たる次郎彦を恐れてまた一歩ずつ遠ざかる。

児玉家の門前に近づくと、そこにも覆面姿の侍がいて、隙《すき》あれば直ちに突撃しようと狙っている。

「掛かれ」「掛かれ」の声はあるのだが、逡巡《しゅんじゅん》して誰も仕掛けようとしない。

「無礼者！　覆面を取って挨拶せんかっ。武士の家を訪問するには、それだけの作法があることを知っちょるじゃろう」

一喝すると、次郎彦は悠々と玄関にあがって腰の刀を取り左手に持った。

そこへ親戚でもある塩川氏が藩の使いとしてやって来たので、屋敷に上げて話し合いになった。

声を荒げての激論が交わされた。

母のモトは今にも変事が起こるのではと心配でならない。

「親戚の遠藤のところへ行って、至急来てもらうよう頼んでおくれ」

周囲に覆面の男たちが徘徊するなかを源太郎は走った。

走って、走って、走った。

ところが……。

源太郎は、後年、当夜のことを振り返り次のように語っている。

11日の夜、「親族を会集すべし」という藩命があった。藩の決まりで、「他に出すべからず」という時はけん責処分で済むが、「親族を会集すべし」は流罪か獄につながれることを意味するので、家族は大いに驚いた。

これより先、義兄の実家浅見氏から早く来てくれと使いが来たので、義兄は浅見家に出向いていた。

母から言われ、私が義兄を迎えに行った。その時、次郎彦の兄浅見安之丞《あさみやすのじょう》はすでに縄をかけられていた。義兄は何か期するところがあったようだ。実父の浅見栄三郎にもう一度挨拶をし、襟を正し、帯を整え、私と共に浅見家をあとにした。

帰る途中、騒擾《そうじょう》のありさまだった。ただ時々「掛かれ」「掛かれ」の声を聞くのみだった。やがて用人某（親類の塩川氏）がやって来て義兄と話し合った。激論になった。母に頼まれ、遠藤氏を迎えに行ったが、「すでに寝ているので今日は帰ってくれ」と断られた。もう12日の明け方近くになっていた。帰る途中で母に出会った。「次郎彦斬られたり、今から組頭に知らせに行くところ」というのを止《とど》め、母を慰めながら屋敷まで帰った。義兄は、血に染まって玄関の前に倒れていた。祖母も、悲しみのあまり死体の傍で寄り添い倒れていた。母と一緒に祖母を部屋まで担ぎ込んだ。上の姉のヒサは、6月に次郎彦の子どもを産んだばかりだった。親戚も知り合いも、けん責処分を受けているため助ける者はなく、母と（5歳上の）次姉ノブと私の3人だけで片づけをした。次郎彦の屍《しかばね》に白布を被《おお》い、周囲に墻《かき》を結び、検死を受け、仮埋葬をした。（森山守次・倉辻明義『児玉大将伝』より）

《源太郎は数えの13歳、今でいえば小学6年生である。

徳山藩の当時の屋敷絵図を何度も調べたのだが、私には親戚の遠藤家がどこにあるかわからなかった。どのぐらいの距離を彼は走ったのだろう。どんな気持ちで源太郎が8月11日から12日までを過ごしたのかと思うと、胸が痛くなる。

「義兄の遺体の始末をしながら、源太郎が今に見ておれと繰り返していた」という近所の古老の証言も残っている》

源太郎は、後になって母から兄の最期《さいご》の様子を聞いた。

来訪した藩の用人と長時間激論を交わした後、見送りのために玄関から出た次郎彦を、暗闇から突然躍《おど》り出た複数の刺客が襲い、さらに背後から親戚の塩川の太刀《たち》を浴び、切り刻まれて、次郎彦は23歳の若き命を散らしたのだった。

児玉神社の境内に建つ「徳山七士碑」

粛清は続いた。8月12日、江村彦之進《えむらひこのしん》が城下で暗殺。10月24日には河田佳蔵《かわたかぞう》と井上唯一《いのうえただいち》が処刑。翌元治2年（1865年）1月14日には獄に繋がれていた本城清《ほんじょうきよし》、浅見安之丞《あさみやすのじょう》、信田作太夫《しださくだゆう》の3人が「死一等を減じ流罪に処す」と騙され海辺に連れ出されて絞殺されている。

彼らに児玉次郎彦を加えた7人は後世になって「徳山殉難七士」と呼ばれ、その偉功が讃えられた。全員が靖国神社に合祀され従四位を贈られている。

貧困と屈辱の日々、そして復権

藩庁は、次郎彦の死去に伴い、「児玉家の家名を断絶し、一人半扶持《ぶち》を給する」という沙汰を下した。一人ぶちは、玄米一日5合である。計算すれば、100石取りが2石半程度になってしまった。つまり収入が40分の1に激減したという勘定になる。これでは到底、祖母、母、姉2人、生後間もない甥と源太郎の6人家族の生活は維持できない。

10月24日には、「家屋敷を明け渡すよう」仰せつけられた。

児玉家の面々は、親族の家を渡り歩いて雨露をしのいだ。母は、姉たちを励まし、商家から裁縫や木綿《もめん》の織物などの賃仕事を請け負って、女3人で生活を支えた。家運は傾き、困窮と飢餓が児玉家をまるごと包んでいた。

源太郎は、この頃のことを回想している。

「収入の途絶えた浪人になってしまい、藩の決まりに従って、前髪を剃ることも、刀をさすことも、割羽織《さきばおり》（武士などの帯刀の便をはかって羽織の背縫いの下方を縫い付けずに割ったもの）、袴《はかま》を着ることも許されなかった。総髪（月代《さかやき》を剃らず伸ばした髪を後頭部でたばねて後ろに垂らす）に脇差《わきざし》のみを身につけて外に出るのだが、今までの友人は寄り付きもしない。みんなが嘲《あざけ》りながら、浪人、浪人と呼ぶ」（森山守次・倉辻明義『児玉大将伝』より）

以下原文で、

「その声骨髄《こつずい》に徹し、今猶《なお》耳底に在《あ》るが如《ごと》し」

よほどの悔しさでなければ、ここまで心に残るものではない。

源太郎が、それからの人生で幾多の困難に出会ってもものともせず乗り越えることができたのは、当時の境遇が彼を厳しく鍛えたからに違いない。

当時の源太郎は、今の小学6年から中学1年生の年齢である。

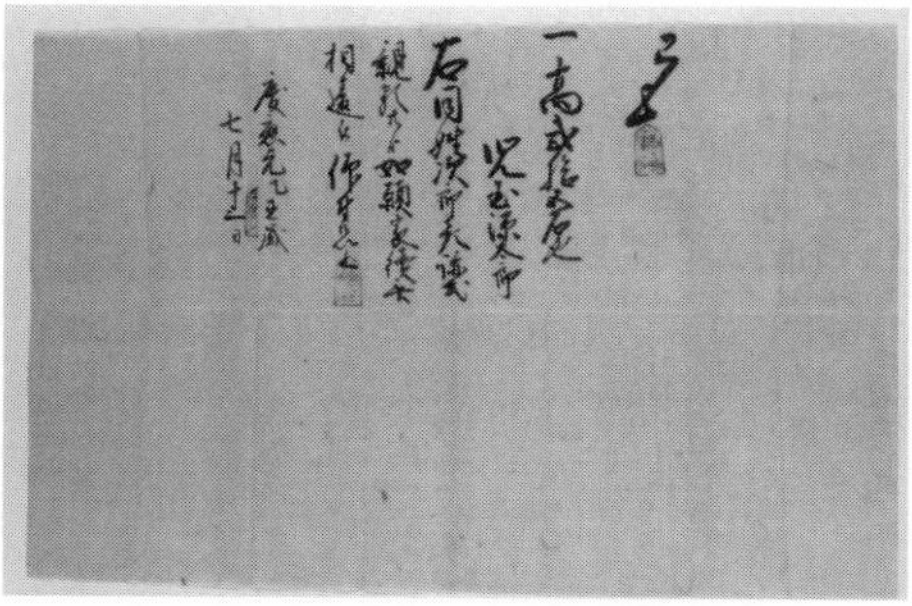

源太郎への家督相続仰付（周南市美術博物館提供）

元治元年（１８６４年）12月15日、長府の功山寺で高杉晋作が僅《わず》か84人の仲間たちとクーデターを起こした。これにより、毛利萩藩（本藩）の流れが大きく変わった。元治2年（１８６５年）1月、高杉は大田・絵堂の戦いで萩藩政府軍を撃破して「俗論派」政権を倒した。これによって、徳山支藩の藩論もようやく「正義派（倒幕）」に傾いた。

家名復興。源太郎が児玉家を相続し、中小姓として25石を給されたのは、慶応元年（１８６５年）7月13日だった。

さらに10月、源太郎は１００石を給された。

苦難の時代は、およそ1年間にわたって続いたのだ。

源太郎、14歳の時のことだった。

第3章　軍人篇〔1868〜1897〕

初陣そしてフランス式歩兵学を学ぶ

源太郎が初陣を迎えたのは、17歳の時だ。源太郎は、17歳から40歳までの士族とその子弟で編成された徳山藩の官軍部隊「献功隊」の半隊司令士（小隊長）を拝命し、戊辰戦争に出陣する。明治元年（１８６８年）９月、他の長州藩諸隊と共に、総勢７００名が船内に座る場所もなく水や食糧も足らないという過酷な状況での船出だった。

秋田、青森と進軍を続け、年が明けた明治2年（１８６９年）５月、箱館・五稜郭での戦いで、官軍は完全に勝利をおさめた。

戊辰戦争が終結し兵隊たちは帰郷を命じられたが、見込みのある１００人程度が選ばれ、京都でフランス式歩兵学を学ぶことになった。この時のメンバーの中には、３歳上の乃木希典や後に総理大臣となった同い年の寺内正毅もいた。

河東《かわひがし》操練所入営当日の明治2年（１８６９年）９月4日、日本陸軍の創始者といわれる兵《ひょう》部大輔《ぶたゆう》の大村益次郎が京都・木屋町の旅館で刺客に襲われた。営内は騒然となり、帰郷することに備えて行李《こうり》を整える者や下手人を追って飛び出そうとする者などもいたという。

10月1日、大阪の病院に転院する大村を、源太郎や寺内正毅らは高瀬川の船着き場まで担架で運んだ。

治療の甲斐なく大村が亡くなったのは11月5日。大村の進言で陸軍の教育はフランス式と定められ、兵学寮を大阪に設けることとなったのだが、奇《く》しくもその日は源太郎ら練習生が大阪・玉造の兵学寮に移った日だった。


その頃、山口で大きな騒動が起こった。

奇兵隊に代表される長州藩諸隊は各地で大きな戦功をあげた。彼らは必死ではたらいた。いずれ士分に取り立てられるはずだと期待していた隊員も多かった。ところが、5千人余りの隊員のうち選ばれた御親兵（常備軍）2250人を残し、その他の者は除隊を命じられたのである。その選び方も身分が重視されていた。論功行賞も十分されないまま、「厄介者扱いのお払い箱」では気が済まぬと、不満を持つ兵隊約2千人が、山口藩議事館を包囲した。領内各地では、大規模な農民一揆も起きていた。

兵学寮で学ぶ者たちは帰国を命じられ、郷里の山口でかつての仲間たちを討伐《とうばつ》しなければならない苦しい立場に身をおくことになった。

明治3年（1870年）2月、騒動は鎮圧された。脱隊兵側の戦死者60人、負傷者73人、死罪に処せられた者は130名を超えたという。討伐軍の戦死20人、負傷64人だった。源太郎たち「浪華《なにわ》仏式修業兵」70人には、藩庁から金10両が下賜された。
修業は6月に終わった。源太郎は大阪兵学寮を卒業した。

21歳で陸軍大尉

明治3年（1870年）6月2日、源太郎は大隊第六等下士官に任官し、陸軍軍人となった。彼は下士官から軍歴のスタートをきった。
明治3年12月10日　陸軍権曹長
明治4年4月15日　陸軍准少尉
明治4年8月6日　陸軍少尉
明治4年9月21日　陸軍中尉
明治5年7月25日　陸軍大尉
明治新政府は、新しい政治を行なっていくための後ろ盾となる軍備を早急に整えなければならなかった。
源太郎の昇進は早かった。

能力も優れていたのであろうが、時勢もこれを要求していた。

大尉の頃、彼は大阪鎮台地方司令副官心得を務めていた。まだ、21歳だった。


ある日、一人の若者がいきなり源太郎の家にやって来た。

「私は、山口県出身の黄葉秋造と申します」

「何の用じゃ？」

「実は、私は大阪の外国語学校の学生です。学資が続かず中途退学せんにゃいけんようになりました。明日からの下宿料もありません。同郷人という誼《よしみ》で、どうか私を助けてください」


黄葉の視点で、この場面を再現すると……。

その時、黄葉秋造は17歳。卒業間際の退学がなんとも無念で、下宿屋の勘定を済ませ、荷物を一からげにして人力車に乗り込み、官舎が集まっている一帯を同郷人がいないかと一軒ずつ探しまわっていた。この当時の役人のほとんどはその出身地を表札に書きだしていたそうだ。

黄葉がふと見ると、大きな門に「山口県士族　児玉源太郎」と名札が掲げてある。「しめた！」と思って敷地の中に入ってみると、立派な住居どころか、棟割長屋だった。一人ひとり違った表札がかかっている。「これはダメだ」と思いつつ、案内を乞《こ》うた。奥から出てきたのは小男の青年だった。

黄葉は「山口県士族」の肩書を書き付けた名刺をだし
「どうかご主人に……」という。

「主人は俺じゃ」

「私は、山口県出身の黄葉秋造と申します」

「何の用じゃ？」

「恐れながら」と全《すべ》てを正直に話した。

「よろしければ、私を食客として置いてください」

驚いて突っ返されるかと思いきや、この小男は切り出した。

「君は外国語学校の学生か、よしわかった。今日から俺の家に来い」

この日から黄葉は児玉家の居候《いそうろう》となると共に、専属の家庭教師の役目を仰せつかった。ほとんど一夜も休むことの無い必死の勉強。英語の稽古《けいこ》から始まって、万国地理、歴史、本当に何でも貪欲に学んでいった。丸善で高価な本も買い求めてくれた。黄葉の友人の書生が大勢遊びに来るのも大歓迎。源太郎は若者たちと語り合うのが大好きだったのだ。

佐賀の乱で瀕死の重傷

明治7年（1874年）2月、征韓論に敗れ中央を追われていた江藤新平が、佐賀で反乱を起こした。大阪鎮台にも、出動命令がくだった。2月23日、乱戦の中、指揮旗を振るって兵を激励していた源太郎の右腕首を、敵の弾丸が貫《つらぬ》いた。「なにくそっ」。指揮旗を左手に持ち替えて進軍するところを、今度は次の銃弾が左の二の腕を貫通した。意識朦朧《もうろう》のなかで「撃て、撃て、撃ちまくれ」と叫びながら彼は出血多量で昏倒していた。第二弾は肋骨に達する重傷で、福岡仮病院に運ばれて一命をとりとめた。

佐賀の乱で負傷し、療養する源太郎（左から２人目）
（森山守次・倉辻明義『児玉大将伝』より）

　この時の病院長が、後に源太郎と後藤新平を結びつけることになる石黒直悳《ただのり》（後の軍医総監）だった。5歳上の石黒は、初対面で源太郎のずば抜けた能力を見抜き、これ以来、2人は手紙の交換をしながら信頼を深めていった。「普通の大尉ではないぜ」と周囲に語る石黒に対し、少将の野津鎮雄《しずお》が「児玉はなかなか切れる男だ。なかなか切れるが若いから自分で怪我をしなければよいが……」と答えたという。

療養は長引いた。4月に福岡から大阪の病院に転院した。長い間右手が使えない不自由な生活が続いたが、傷も癒えてきた8月22日、源太郎は熊本鎮台准官参謀を命じられた。5年間過ごした大阪を後にしたのは、9月7日。そして、10月19日源太郎は少佐に進級した。その2日前の10月17日、源太郎は大阪で知り合ったマツと華燭の典をあげた。相当なラブロマンスがあったようだが、詳しい記録は残っていない。

ちなみに、終生添い遂げた4歳年下の恋女房マツとの間には7男5女（三女は早世）が生まれた。子ども達を立派に育て上げ、理想の妻として夫に尽くしてくれたマツは、源太郎の死後も長生きし、昭和11年（1936年）、81歳で亡くなった。

神風連の乱で名をあげる

明治9年（1876年）3月、廃刀令の布告が発せられ、8月には秩禄処分《ちつろくしょぶん》が実施された。大量の武士が俸禄を失い、事実上の失業に追い込まれた。特権を奪われた武士の不満は溜まる一方だった。

明治9年（1876年）10月24日深夜の熊本。太田黒伴雄《おおたぐろともお》らが率いる甲冑《よろい》や烏帽子直垂《えぼしひたたれ》に身を固めた170余名の狂信的な鎮国・唯神教徒集団が、日本刀、槍、薙刀《なぎなた》を武器に、7隊に分かれて熊本城下で襲撃を開始した。士族の中に不穏な動きがあると察知した県令安岡良亮は官舎に部下を集めて対策を協議中だったが、あっという間に警察官幹部と共に斬殺された。

午後11時ごろ、源太郎の住まいに家主が慌ただしく駆け込んできた。

熊本城内に残る神風連の乱の戦死者の碑

「児玉様、鎮台が火事のようです。銃声も聞こえてきます。これはただ事ではありません」

火の手があちこちから上がっている。

源太郎はいったん軍服を着けたが、思い返して平服に着替え、変装して種田政明司令長官の家へ急いだ。ところが、種田は既に殺害されており、愛妾《あいしょう》の小勝《おかつ》も重傷を負っていた。（この時、小勝《おかつ》が東京の親に打った電報「ダンナハイケナイ　ワタシハテキズ／旦那はいけない　私は手傷」は電文の名作とされている)。そこへ、鎮台から河島書記が2名の兵隊を連れてやって来た。源太郎は、河島書記を平服に着替えさせ「1、今夜鎮台を襲える賊を討伐すべし」「2、司令官種田少将は健在なり」「3、この命令を接受する隊は直ちに護衛兵を送るべし」の3項目の命令を咄嗟《とっさ》に手帳の紙切れに書いて、急いで鎮台に届けるよう命じた。この命令書は、城外の花畑（現・花畑町）にいた第三大隊（隊長小川又次大尉）の手元に届き、この隊が直ちに城内に入ってきて、本格的な反撃が開始された。源太郎も一小隊をひきいて本丸の高所に駆けのぼり、兵に一斉射撃を命じた。神風連側の多くが銃撃に倒れ、生き残った者たちもその夜のうちに自害した。死者・自刃者124人。残りの約50人は捕縛され、一部は斬首された。政府側の死者約60人、負傷者は約200人だった。

この事件に呼応して3日後に福岡・秋月に乱が起こったが、源太郎の盟友である乃木希典により鎮圧されている。同じ10月の29日には前原一誠が萩の乱を起こしたが、これも簡単に討滅された。

神風連（敬神党）の乱における源太郎の活躍には、目ざましいものがあった。的確な指示で、鎮台兵の士気を保つことも、援護の兵を呼び寄せることもできた。迅速、的確な行動と判断は称賛に値《あたい》するもので、陸軍内部でも随分と評判になった。11月9日、源太郎は明治天皇に拝謁して状況を説明している。12月26日、熊本鎮台参謀副長を仰せつかる。12月30日熊本へ帰任。源太郎は、年明け（明治10年）早々、生後６か月の長男秀雄と妻のマツを大阪に疎開させた。鹿児島の西郷隆盛周辺に不穏な空気が漂い始めている、と察したからだ。

西南戦争での活躍

明治10年（１８７７年）２月13日、陸軍卿・山県有朋は熊本鎮台に向け、一通の電報を打った。

「鹿児島スデニ暴動セントス」

西南戦争、勃発。

西郷隆盛率いる薩摩軍は熊本城の鎮台に向かって進軍を開始した。

熊本鎮台の司令長官は谷干城（土佐）、参謀長・樺山資紀（薩摩）、源太郎は参謀副長として２人を支える立場だった。

２月19日の昼近く、天守閣付近で火災が発生した。たちまち燃え広がり、食糧を運び出すのはもう間に合わなかった。源太郎は必死で守兵配備図などの秘密書類を持ち出した。気が付くと火薬庫に危機が迫っていた。もしそこに火が移れば、敵を食い止めるどころか、守備側は絶体絶命に追い込まれる。そばの櫓《やぐら》がいつ焼け落ちるかわからない状況だった。源太郎は、北川という砲兵大尉と2人、無我夢中で火薬庫の屋根に登った。

「全員で弾薬を運び出せ」

上から叫ぶ。

火薬庫を取り囲んでいた兵たちは火薬を取り出して、石垣の下に放り出した。

「早く、早く、急げ」

凄《すさ》まじい轟音《ごうおん》とともに、真っ赤に燃える櫓《やぐら》が焼け落ちかかっている。

上を見、下を見、「もうこれまで……」と覚悟していると、不思議にこちらへ倒れると思われた櫓は向こうの方へザザァーッと焼け落ちた。

源太郎は、九死に一生を得た。

熊本城の天守閣。西南戦争で焼失した後、昭和35年（1960年）に再建された。平成28年（2016年）の熊本地震で被災したが、復旧した

2万にも及ぶとされた西郷軍に対して、城兵はわずか2千。籠城は50日にも及んだ。銃弾や糧食の不足に悩み、排泄物や死体埋葬といった衛生問題も生じたが、官軍は熊

本城を守り抜いた。

西南戦争は2月に始まり、９月に終わった。

士族の反乱は終わり、以後、全国的な統一が可能となった。

連隊長として（佐倉での5年間）

明治11年（１８７８年）２月25日、源太郎は近衛局出仕を命じられ、３年半にわたる熊本での生活に別れを告げ、東京・麹町富士見町住まいとなった。

近衛局時代の熱心な仕事ぶりは、参謀本部長となった山県有朋から大いに信頼され評価されていたようだ。

明治13年（１８８０年）４月30日、陸軍中佐に昇任、東京鎮台歩兵第二連隊長兼佐倉営所司令官を拝命。それからの5年間を千葉県佐倉で過ごすことになる。月俸は一気に倍になり、２００円に上がった。明治16年（１８８３年）２月、陸軍大佐に昇任、月俸は２５０円に上がったが、家計は一向に楽にならなかった。料理屋通いの多い、金遣いの荒い夫だったようだ。源太郎は部下をよく可愛がり、毎晩のように豪遊した。こんなエピソードが残っている。

料理屋にツケが600円も溜《た》まってしまった源太郎、女将《おかみ》のところへやって来て、「このままでは軍人を辞めなければならない。借金を帳消しにしてくれ」

まさか連隊長をつとめるほどの人が軍人を廃《や》めることはあるまいと高《たか》を括《くく》って、「エー、ようございます。旦那が軍人をお廃《や》めなさったら帳面は棒引きにしましょう」と返事した。

源太郎は「それで安心した」と帰っていった。
5、6日経った。人力車が料理屋の前に乗りつけられた。法被《はっぴ》に腹かけという車引きの格好をした青年が現れた。見覚えのある顔だと思ったら、児玉連隊長だ。
「おや、旦那ではありませんか」

「とうとう免官で、こんなありさまだ」

女将はびっくりした。帳面を持ち出して、約束どおりツケを棒引きにしてしまった。

それを見ていた源太郎、「さあ、しめた」と一言。二階にどんどん上がりこみ、連隊の将校たちを呼び集め、東京から連れて来た芸妓《げいぎ》をあげて「今日は600円のご馳走だぞ」と法被《はっぴ》のままで大騒ぎ。

女将は茫然、しばらくは開いた口がふさがらなかったそうだ。（森山守次・倉辻明義『児玉

大将伝』より）

およそ軍人で最も名誉なのが連隊長のポストだと言われている。部下は２０００人くらいいたはずだ。体力、気力の充実した30代前半の5年間、毎日が面白くて仕方なかったろう。連隊長時代の源太郎はたびたび大規模な演習を行なっている。第二連隊は士気高く、チームワーク良く、いつも優秀な成績を収めた。源太郎は「日本一の連隊長」と呼ばれていた。

参謀本部に入る

明治18年（１８８５年）5月26日、源太郎は参謀本部管東《かんとう》局長を命じられた。着任してすぐの7月、管東《かんとう》局・管西局は廃止され、第一局（海外派兵などの出師計画・師団の編成や配置・軍隊教育）、第二局（外国地理・運輸・条規調査）が設置され、源太郎はそのまま第一局長に移っている。

参謀本部次長は川上操六、管西局長（第二局長）は小川又次。2人とも、西南戦争で共に熊本城に籠城した戦友である。源太郎は心強かった。

軍事は大きく「軍政」と「軍令」に分かれている。

「軍政」とは予算や人事に関することで、陸軍省が掌管《しょうかん》する。

「軍令」とは作戦計画立案・用兵に関することで、参謀本部が掌管する。

長州出身で後の総理大臣となる桂太郎が軍政機関である陸軍省をリードし、薩摩出身で日清戦争勝利の立役者となる川上操六が軍令機関の参謀本部を引っ張っていく。陸軍の中では、そういう役割分担ができていた。桂と川上は同い年のライバル同士だった。出身藩も違い、性格も才能の質も異なって、気の合わぬことが多かった。源太郎は、桂と川上の接着剤のような役目を果たした。


当時、陸軍では軍制改革が進行中であり、従来のフランス型からドイツ型システムへの転換が進みつつあった。本格的にドイツ軍制を導入し陸軍の近代化を進める中心となったのが、明治19年（1886年）3月19日に設置された臨時陸軍制度審査委員会だ。源太郎は委員長の役目を仰せつかった。「軍政」の桂と「軍令」の川上の協力を得ながら、軍制改革を現場で行なっていったのが源太郎なのだ。

メッケルとの出会い

軍制改革を進めるため、ドイツからクレメンス・メッケル少佐が招聘《しょうへい》された。彼が来日したのは、源太郎が参謀本部に配属になる2か月前の明治18年（１８８５年）３月だった。メッケルは源太郎より10歳上の１８４２年生まれ、プロイセンの幼年学校、士官学校、陸軍大学を出た生粋《きっすい》の職業軍人であり、すでに『戦術学』など17冊の著書も出版している戦術の権威だった。

メッケルは、明治21年3月に帰国するまでの3年間、参謀本部顧問として「臨時陸軍制度審査委員会」を指導すると共に、陸軍大学の講師として参謀の育成にあたった。日本でのあだ名は「渋柿《しぶがき》オヤジ」。

源太郎に多くの教えを授けたメッケル
（周南市美術博物館提供）

源太郎とメッケルは、会った時からお互いに響きあうものがあったようだ。快活で敏捷な源太郎は、愛され、そして深く信頼された。メッケルは、昼夜にわたって源太郎に熱心に教えを授けた。「将来、日本の陸軍は、陸軍の児玉か、児玉の陸軍かというようになろう」とまで言ってくれた。

明治19年から20年にかけて、メッケルのアドバイスにより、軍には多くの委員会がつくられた。明治19年だけで、源太郎はこれだけの委員を拝命している。

3月11日　歩兵操典・鍬兵《しゅうへい》（工兵の一種）操典取調《とりしらべ》委員
3月19日　臨時陸軍制度審査委員
4月16日　戦時衛生事務改正審査委員
5月20日　砲兵隊編制審査委員
7月30日　士官下士進級下調《したしらべ》委員
10月9日　軍用電信材料改良審査委員

源太郎は、毎週2回、それぞれの課題に精通する担当将校と共にメッケルの官舎を訪問して講義を聞き、陸軍省と協議しながら一つずつ改革案を実現させていった。

仕事が増えれば増えるほど、やる気とファイトの湧いてくる源太郎だった。

陸軍大学校長

明治19年（１８８６年）９月30日、源太郎は陸軍大学校幹事の役も兼任するよう命じられた。当時の陸軍大学校に校長は置かれていなかったため、事実上の校長職だった。制度の改正に伴い、明治20年（１８８７年）10月24日に初代校長に就任している。講師をつとめるメッケルとの連携関係はさらに深まった。

陸軍大学校は参謀将校の養成を教育目的として、明治16年に設けられ、当初はフランス式の教育が行われていた。メッケルが来日した当時、第一期生から三期生までが在校した。彼が日本を去るまでに六期生までが指導を受けている。

メッケルの講義は実践的なものだった。現場に出て実際の地形に当たりながら、部隊の運用を考えさせた。学生に想定を与え、どのような部隊運営をするかを自分で考えさせ、一人一人の思考力・判断力を鍛えていった。

源太郎は、校長の立場で、学生の授業現場に臨席することや、現地での戦術教育を参観する機会も多かった。参謀演習旅行にも一緒に出張している。源太郎自身も、メッケルから大いに学ぶことが出来た。

直接メッケルの指導を受けた陸軍大学校の学生は59人になる。長岡外史（一期生）、井口省吾（一期生）、秋山好古（一期生）、松川敏胤（三期生）、内山小二郎（四期生）、立花小一郎（五期生）、明石元二郎（五期生）など、日清・日露戦争でも重要な職務について活躍し、後に陸軍を支えた俊英たちが、メッケルのもとで育っている。

源太郎は、明治22年（1889年）11月まで校長を務めた。

メッケルの薫陶を受けた軍人たちは、校長だった源太郎にも頭が上がらなくなっていた。

明治20年（1887年）6月3日、源太郎は監軍部参謀長を命じられる。全国の鎮台や師団を巡《めぐ》って、監督・指導をする役目だ。監軍部参謀長の職は、明治25年8月まで5年間に及んだ。

この当時、彼の辞令は「兼職」ばかりだった。陸軍大学校幹事、校長、臨時陸軍制度審査委員もそのままである。源太郎は「陸軍の知恵袋」の他、「陸軍の教育・錬成の元締め」の役割も受け持った。陸軍大学校から全軍隊にいたる陸軍の将校を知ることができ、全国各地の部隊の内部事情までわかるようになった。

明治22年（1889年）8月24日、源太郎は38歳にして陸軍少将に昇進した。

源太郎の大借金

順風満帆《じゅんぷうまんぱん》だった源太郎に、この頃、〝危機〟が訪れた。

源太郎の周辺で債権者たちが騒ぎ出したのだ。「裁判にかけてやる」と息巻く者もいたらしい。

源太郎は淡々とした様子で、

「面倒ならワシが現役を退《しりぞ》けばよいだろう。煮るなり焼くなりすればいいじゃないか」と悟りきった表情で落ち着いている。

数人の高利貸しから催告を受け、金額も1万数千円になっていた。今でいえば5千万円から億にも達するという額である。債務の大部分が源太郎の恬淡癖《てんたんへき》から他人に印鑑を委《まか》せた結果であることも明らかになった。

桂太郎が見かねて、救いの手を差し伸べてくれた。

源太郎は、徳山毛利家の当主毛利元功《もといさ》に宛てて借金の嘆願書を提出した。桂太郎や徳山出身者4名連記の添え書きもあった。これを受けて、元功《もといさ》は、萩毛利本家の毛利元徳《もとのり》に借金を依頼してくれた。（ちなみに、元功《もといさ》の実姉は元徳《もろのり》に嫁いでいる。元徳《もとのり》は養嗣《ようし》として本藩である萩毛利を継いだが、もともとは第八代徳山毛利藩主毛利広鎮《ひろしげ》の十男。また、元功はもともと長府毛利藩主の子息で、9歳の時に徳山藩主の養子となった。後に元徳《もとのり》の姪にあたる徳山藩主の娘と

結婚している）

明治23年（１８９０年）11月12日、源太郎は毛利元徳《もとのり》から1万円を年3パーセントの利率で借りることが出来た。桂が保証人となり、源太郎の月俸を一応全部桂に入れ、そのうち１５０円を返金に充てることとなっていた。

後日談がある。

日清戦争中の明治27年（１８９４年）11月1日、毛利家からの借金はすべて棒引きとなった。毛利元徳から徳山毛利当主・毛利元功宛ての手紙が残っている。

「児玉は、日清戦争で陸軍省や参謀本部に詰めきって職務に励んでいる。債務を免除すれば児玉もより一層職務に専念するだろう。どうか貴殿も同意してくれ」

元功が喜んでこれに同意したことは言うまでもない。

《源太郎はいつも支援者に恵まれていた。彼には「児玉のためならば」と思わせるだけの人望と魅力があったのだろう。

多くの人々の支えがあってこそ、大きな仕事を残す偉人が出来上がるのだと、つくづく思わされる》

欧州視察

明治24年（１８９１年）10月、源太郎は初めての外遊に出発した。山県、桂、大山、川上を始め、ほとんどの陸軍首脳はヨーロッパで学んでいる。40歳になった源太郎にとって待望の海外への旅だった。フランス、ドイツ、ロシア、オーストリア、ベルギーの５か国を視察し、翌25年（１８９２年）８月に帰国するまでの、実り多い10か月間の海外体験となった。視察の主な目的とした軍隊教育、及び動員研究にとどまらぬ幅広い学びを得ることができた。

ドイツ皇帝ヴィルヘルム二世、ロシア皇帝アレクサンドル三世、オーストリア皇帝フランツ・ヨーゼフ一世にも拝謁《はいえつ》の機会を得たが、何よりも嬉しかったのは、ドイツでのメッケルとの再会だった。

国境の町マインツで連隊長を務めていたメッケルは、わざわざスケジュールを空けて、大歓迎で源太郎を迎えてくれた。１週間マインツに泊まり込み、ドイツ留学中の３人の日本人将校と共に、新兵の仕込みや諸施設等を熱心に観察している。ドイツの指揮官が21サンチ榴弾砲《りゅうだんほう》を馬６頭にひかせる場面を見て、「城を守るために設置された大砲も、これを移動させれば攻めの武器に使える。要塞の砲兵を城攻めの任務につかせては」という発想も浮かんできた。

移動の途中では、ドイツの幾つかの製造所を詳しく視察している。特にエッセンのクルップ製鉄所では得るものが多かった。当時、日本においても、製鉄所の建設は国防上の必要からも特に急がれていた。製鉄所に深い関心を持っていた源太郎は貪欲に学んでいった。

欧州に実質的に滞在した7か月の間に、源太郎はメッケルのもとを二度も訪問した。特に二度目の訪問では1か月半も滞在し、旧交を温めている。

ちなみに、メッケルは明治39年（1906年）7月5日、ベルリンで死去した。メッケルは日本では神のように仰がれる存在だったが、本国ドイツでは不遇だった。日本での追悼会を企画し、弔文を起草したのは源太郎だったが、8月4日の追悼会場に源太郎の姿を見ることは無かった。もう彼はこの世の人ではなかったのだ。

同じ頃に亡くなった2人の縁を感じる。

大山巌から請われて

欧州視察を終え、明治25年（1892年）8月18日に帰国したばかりの源太郎のもとに一通の手紙が届いた。

「児玉源太郎殿　至急親展
　途中恙《つつが》なく帰朝されたとのこと何よりです。
　実は直接会って相談したいことがあるので、
　明朝、永田町の官舎までご足労願えませんか。
　　　　　　　　８月19日　　大山巌《おおやまいわお》」

源太郎は、陸軍大臣の大山から直《じか》に、女房役となる陸軍次官就任の要請を受けた。８月８日にスタートした第二次伊藤内閣において１年３か月ぶりに陸相に復帰した大山からの熱いラブコールだった。

大山が初めて源太郎と会ったのは、明治９年（１８７６年）の神風連の乱に遡《さかのぼ》る。長官や参謀長が斬殺され、源太郎が熊本鎮台司令長官の代理を務めていた。後任の司令官兼務として東京からやって来たのが大山だ。大山は、短時間のうちに明瞭・簡潔で要領を得た見事な引継ぎを行なう源太郎の姿に惚れ込んだという。

「できる男だ！　肚《はら》も据《す》わっている」

それから長い時間をかけ、２人は心の底から信頼しあえる上司と部下の関係を築いてきた。監軍時代の大山を、源太郎は参謀長としてしっかり支えている。

そして、この関係は日露戦争における満州軍総司令部、大山・児玉コンビに繋がっていった。

有名なエピソードがある。

大山の愛妻・捨松が新聞記者の質問に答えて、

「うちの主人の好きなのは、一番が児玉さん。二番が私。三番がビーフステーキ。ステーキには勝てますが児玉さんには勝てません」

陸軍次官・軍務局長として

当時の陸軍省は、軍務局・経理局・医務局（局長は佐賀の乱で治療を受けた頃から親しい石《いし》黒直悳《ぐろただのり》）、法官部という3局1部制だった。源太郎は、軍務局の第一、第二軍事課、馬政課、砲兵事務課、工兵事務課、獣医課の課を直接、指揮すると共に、次官として経理局、医務局、法官部の決裁を行なった。明治26年（１８９３年）には、法官部長も兼務となった。

源太郎はどんな仕事でも全力で取り組む。

部下を呼びつけるのではなく自分のほうから現場へ行く。それまでの次官とは大違い。「次官に用のある者は呼びに来い。自分がその局課に行って裁断するぞ」。

源太郎は、弁当を食堂に持参して、部下たちと一緒に昼食をとった。自室に籠《こも》って独りで食事をすることは無かった。

次官室は、秘密会議室にもなる。従来、室内の椅子は、階級に合わせて上・中・下の三等に区別されていた。「会議は皆が対等の立場でおおいに自分の意見を交わしあう場だ、椅子の区別なんかいらない」。源太郎はみんな同じ椅子に替えた。

源太郎はフットワークがいい。他の省庁との調整も、次官自らが出掛けて担当者にわかりやすく説明する。予算を通してもらうために、ステッキを持った壮士達がゴロゴロしている政党の事務所にも足繁く通う。明快で分かりやすく、説得力は抜群だ。全く飾らない性格の源太郎のおかげで、折衝《せっしょう》はどんどん捗《はかど》った。

陸軍行政の新しい分野での仕事は、楽しくて仕方がなかったはずだ。

政党と政府の対立

山県有朋内閣の明治23年（１８９０年）11月、日本最初の議会が開催された。第一回帝国議会の議席は、自由党系130名、改進党系41名、政府系41名、中立5名、無所属45名で、政府の劣勢は明らかだった。

山県は、施政方針演説で「主権線（国境）のみならず利益線（朝鮮半島）の確保のために軍事予算の拡大が必要である」との持論を展開している。「日本を守るためには〝国境線〟だけでなく、日本に近接する地域（朝鮮半島）に敵対勢力が及ばないようにしなければならない」という考え方である。南下するロシアの脅威に備えてのことだったが、この演説は「民力休養・政費節減」を訴える自由党、改進党といった「民党」の反感を買ってしまった。予算案は何とか通ったものの、政府は「政費節減」の実施を受け入れざるを得ず、内閣は総辞職に追い込まれてしまった。

続く松方正義内閣でも、「軍艦製造」と「製鉄所建設」の二つの事業案を否決された。政局の混乱は収まらず、内閣は総辞職を強いられた。

これを受けて伊藤内閣（第二次）が成立したのは、明治25年（1892年）8月8日だった。源太郎が外遊から帰国する10日前のことである。国内は、政党と政府による激しい「政争」の真《ま》っ只中《ただなか》だった。

当時、清国は、近代化と軍備増強をどんどん進めていた。最新鋭の軍艦を何隻も建造し、製鉄所、兵器工廠の建設を開始し、鉄鉱山の開発にも手を染めていた。このような情勢にあって、朝鮮の政情は相変わらず不安定だった。中立は保てそうにない。清国の勢力が朝鮮半島に及べば日本は胸元にあいくちを突き付けられたような状況に陥ってしまう。政府は、気が気でなかった。

日清戦争を後方で支える

明治27年（１８９４年）７月、日清戦争が始まった。源太郎は出征することなく、国内で後方支援の役に徹した。

清との戦争が勃発した際には、「広島に大本営をおき、宇品港を出兵の基地とする」ことまでは決まっていた。ところが、宇品港まで兵士や物資を大量、迅速に運ぶためには鉄道の利用がどうしても欠かせないのに、鉄道輸送の態勢がまだ整っていなかった。当時の山陽鉄道は明治19年創立の私鉄であり、神戸・尾道間が開通していたのみだった。工事の進捗《しんちょく》は遅れていた。

源太郎は、山陽鉄道の役員に面談し、

「実はもうじき、清との間で戦争になる。工事を特別に進めて貰《もら》えないだろうか」と、軍機に触れぬ範囲で秘密を打ち明けた。

役員は、ここまで話してくれる源太郎に感激した。意気に感じた。ただちに現地に向かい、直接の指示を出した。現地では、昼夜を分かたず突貫工事が進められ、明治27年6月に広島まで開通することができた。広島・宇品間の軽便鉄道敷設《ふせつ》は、陸軍によって行なわれた。

こうして、短期間で輸送体系を完成できた。港と鉄道の連絡を果たすことにより、それまで無用の長物といわれていた明治23年開港の宇品港は、太平洋戦争が終わるまで陸軍の大軍港となった。

兵隊の動員体制の整備、船舶の購入・徴用、弾薬・燃料・食糧・衣料・軍需品などの調達や補給、数え上げればキリがない。人・モノ・情報を、適切な場所に適時、的確に供給・伝達することがいかに重要なことか、大変なことか……。日清戦争において、これを処理する最高責任者が、源太郎だった。

大本営が広島に移転すると、源太郎は東京と広島の間を行き来するようになった。戦略の策定や、作戦指導にも関与しなければならない。

9月25日、陸軍大臣大山巌が第二軍司令官として遼東半島に向かうこととなった。海軍大臣西郷従道が陸相も兼任することとなったが、省務に詳しくないため、源太郎に任せきりになった。源太郎は、陸軍大臣の役目を引き受けることになった。

当時の陸軍大臣官房長だった山内長人が、その頃の源太郎のことを語っている。

「新しい委員会が出来ると必ず児玉さんが委員に選ばれる。戦前においても戦時にあっても、児玉さんがいないと事欠くからであった。我々は何か出て来て、その委員に児玉さんがあたられる毎《ごと》に、そら来たと、互いに顔見合って笑ったものでした。実に、児玉さんなくしては、陸軍省の万事が運ばなかったのです」（宿利重一『児玉源太郎』より）

脳卒中発作で倒れる

明治28年（１８９５年）４月17日、下関条約（日清講和条約）が締結された。戦争は日本の勝利に終わった。

日清戦争の終結にあたって、源太郎は、第1章でも紹介したように、後藤新平を起用して「凱旋将兵23万人の大検疫作業」も成功させた。この大検疫は、世界から称賛を浴びた。

日清戦争に第三師団長として出征していた桂太郎が、凱旋後間もない8月に、大病で倒れて赤十字病院に入院した。

病状は重かった。昔から世話になっている先輩が心配で、源太郎は桂の病室の隣の部屋に泊まり込んで看護した。病院から、毎日、陸軍省へ出勤した。「鯛の刺身が食べたい」と言う桂のために、暴風雨をついて日本橋の魚河岸まで出かけ、自らが捌《さば》いて食べさせた。熱心な看病のおかげで桂の体調は日に日に良くなり、遂に全快に至った。

ところが、今度は源太郎を病魔が襲った。明治29年（1896年）2月3日、源太郎は夜中に突然、永田町の官舎で倒れた。

源太郎の三男友雄（明治14年生まれ）が当時のことを振り返り、昭和28年に73歳で書いた文章を要約して紹介する（『児玉家文書』より）。

「日清戦争の直後、父は陸軍次官で、永田町の官舎に、文《ブン》というボーイと住んでいた。自分は中学3年だった。あまりにいたずらなので、そこへ預けられていた。ある日、夜中に突然起こされ、医者を呼んで来いと言われた。医者はすぐにやって来た。小脳いっ血という診断だった。母も自宅から駆けつけた」

幸い命に別状はなかったが、一部では「再起は不能か」とも噂されたようだ。しばらくは鎌倉で静養した。軍務に復帰したのは４月27日だった。

桂太郎、児玉源太郎とともに「明治陸軍の三羽烏」と謳《うた》われた川上操六も、日清戦争で死力を尽くし、戦後４年目の明治32年（１８９９年）に52歳の若さで亡くなっている。

大国、清との一戦は、若き陸軍のリーダー達に相当な無理を強いたものだった。明治陸軍の三羽烏は、体も心もボロボロになりながら日本のために戦い抜いたのだった。

製鉄所建設に一役買う

「欧米に立ち向かうことのできる強い国をつくっていくためには、自前の製鉄所がどうしても必要だ」

大規模な工場、高いレベルの技術、明治25年（１８９２年）にドイツで視察したクルップの製鉄所の設備の素晴らしさが、源太郎の目に焼き付いて離れなかった。

ところが、政府がいくら訴えても、議会はどうしても海軍省所管の製鉄所設立費の予算を認めてくれようとしない。

源太郎は、海軍大臣の西郷従道に、「製鉄所の問題は、軍だけでなく国の課題としてとらえるべきです。単に軍需を満たすだけでなく、民需を含む規模の大きいものを構想すべきで、そのためにも海軍にこだわらず、農商務省の所管で進めてみてはどうでしょう」と進言した。

事実、この当時、日本の鋼鉄使用量は急速に増えつつあり、その9割は民需で、輸入品で賄っていた。農商務省でも、銑鋼一貫（鉄鉱石から鉄を取り出して最終品の製造までを一つの敷地内で行なう）の製鉄所が必要だと民間に呼びかけていたが、投下資本の大きさや技術的な不安から資本家たちは尻込みして話が進んでいなかった。

明治29年（1896年）3月、製鉄所の官制が公布された。源太郎の政治的斡旋により、農商務省の管轄で官営八幡製鉄所が操業を開始したのは、明治34年（1901年）のことだった。

灯台と海底電信線の整備

日清戦争の結果、台湾は日本の領土となった。明治28年（1895年）6月、内地と台湾との船舶の安全運航や通信連絡のため、陸軍省のなかに、灯台を建築するための「臨時台湾灯標建設部」と、海底電信線《ケーブル》を敷設するための「臨時台湾電信建設部」が設置され、陸軍次官の源太郎が部長を兼務することとなった。

特に、海底ケーブルの整備は、欧米人の手を借りず、日本人だけで幾多の困難を乗り越えて完成させた、初めての長大な海底電信工事となった。当時の日本は、海外への通信回線はデンマークの大北電信会社が敷設していたものを利用していた。このため、通信を傍受されたり、遮断されたりする危険性を秘めていた。

源太郎の指揮の下、鹿児島・沖縄・台湾間の敷設ルートの選定、ケーブルの購入、ケーブル貯蔵施設の建設、敷設船のイギリスへの発注などが着々と進められた。

長距離の海底ケーブル敷設工事に着手したのは風の穏やかな夏だったが、季節が変わるにつれ海が荒れるようになってきた。工事は一時中断された。

部下の中には必死で源太郎に訴える熱情家もいた。

「せっかくここまで進めてきた工事です。お願いです！　ぜひ続けさせてください」

源太郎は人命第一を考えて断固これを退けた。

多くの技術者たちは、源太郎の徳を伴った冷静な決断力に感心した。

明治30年（1897年）5月30日、工事は終了し、7月16日から、日本と台湾の間での公衆利用が開始された。欧米の学者たちは「欧米人の指導なくしては工事は不可能だ」と評していたが、難業の末に、源太郎は見事にこの事業をやり遂げた。

後日談だが、日露開戦を翌月に控えた明治37年（１９０４年）１月、日本は極秘に、朝鮮半島までの海底ケーブルを敷設した。日本と台湾に海底ケーブルを敷設した経験が日露戦争のためにしっかりと役立ったのである。

広島の水道敷設

明治28年（１８９５年）11月９日、「広島軍用水道に関する勅令」が突如、公布された。事前の根回しを行なって、帝国議会の協賛を必要としない勅令公布の実現に尽力したのは、総理大臣伊藤博文と陸軍次官の源太郎だった。この時、源太郎は、臨時広島軍用水道布設部長を兼務して事業を遂行した。

当時、広島は軍事的にも重要な場所だった。日清戦争時に大本営が広島に移され、たびたび訪れていた源太郎は、広島に上水道を引く必要性を感じていた。この施設は、軍用水道といいながらも、実質的には市民用水道としての役割を果たした。それまで進まなかった広島の水道敷設が実現したのである。源太郎は「広島上水道生みの親」と言われている。現在、広島市水道資料館前には、伊藤と源太郎の筆に成る2個の石額が据えられている。

《こうやって陸軍次官時代の源太郎の活動一つ一つを振り返ってみると、「そのどれもが台湾の地域《クニ》づくりに繋がっている」と、あらためて思わされる。

そういう意味では、彼の身につけてきた総《すべ》ての経験が、そして彼のこれまでの生きざまが、台湾での奇跡の地域づくりに活かされたのだった》

第4章　日露戦争篇〔1903〜1905〕

外遊を取りやめてまで

第1章 台湾篇を経てなお、時代は源太郎を離してくれない。日本では最後の大仕事が彼を待っていた。

源太郎は、明治36年（１９０３年）6月から欧州、南アフリカ、アメリカへ向けて外遊の旅にでることになっていた。新渡戸稲造も同行の予定だった。植民地制度の視察のためといわれている。源太郎は「現地で直接、肌で感じたい」と前々から願っていたという。着々と準備は進められていた。

ところが、この外遊は急きょ取りやめとなった。7月15日、源太郎は台湾総督と兼任のまま、桂太郎内閣の副総理格である内務大臣に抜擢されたのだ。

当時、「政府」と「政党」との対立抗争は激烈を極めていた。政府は海軍軍備拡張の財源として地租増税継続を充《あ》てようとしたが、議会はそれを認めない。明治35年（１９０２年）12月に召集された第17回議会は、停会につぐ停会を重ねたあげく、年末の28日に衆議院は解散となった。明治36年（１９０３年）３月、総選挙が施行された。政友会は変わらず過半数を占めていた。５月12日に開催された第18議会でも論戦が繰り返され、内閣と政友会はさまざまな妥協の途を探っていた。第１章「台湾篇」でも触れたが、政友会議員により台湾事業費（基隆築港費・台湾鉄道建設費）が削除されたのも、この頃のことである。台湾第二期事業計画の予算獲得のこともあって、当時の源太郎は桂総理と政友会との調停工作に奔走していた。

行財政改革による財源ねん出、ロシアとの摩擦外交問題、それに加えて文部省と農商務省の不祥事による両大臣の問責決議、内憂外患に振り回され、桂内閣は行き詰まってしまった。７月１日、桂は病気を理由に辞表を提出した。辞表は翌日天皇より却下されたが、桂は葉山の別荘に引きこもってしまった。

《「義を見てせざるは勇無きなり」（人として当然しなければならないことは断固として行なえ）。源太郎の生き方にぴったりの言葉のような気がしてならない》

源太郎は、大蔵大臣の曽祢荒助と一緒に、桂太郎を訪問し「自分が入閣して行財政改革を実行し桂を支援する」ことを伝えた。これを受けて、桂総理は辞意を撤回し、大幅な内閣改造に取り組み、その重任を負う内務大臣に源太郎をあてた。

内務大臣・文部大臣として

この時、政局は大きく動いた。明治36年（1903年）7月13日、伊藤博文は、政友会総裁を西園寺公望にゆずり、枢密院議長となった。7月15日、内閣が改造され、源太郎が内務大臣と文部大臣を、曽祢荒助蔵相が逓信大臣を、清浦奎吾法相が農商務大臣を兼任することとなった。他は留任である。兼任大臣が多いのは、行政整理を断行するためだった。

源太郎は、軍服ではなくフロックコート姿で内務省に登庁した。歴代内務大臣の登庁は10時を過ぎてからが通常だったが、源太郎は午前8時には登庁していた。退庁時間がくれば、誰が訪ねて来ても、また用があっても無くても帰るようにした。1～2週間に一度の割合《わりあい》で、官邸に5、6人の高等官を招待し、自由な雰囲気の中で意見交換を行なった。官邸を開放し、内務省の役人たちが倶楽部代わりに使えるようにした。「文官は兵隊と違い、右向け右ではなく、部下であっても遠慮なく上司と議論する。これが文官の良い所である」。源太郎の持論だ。内務省の空気が明るくなり、官僚たちは生き生きと働くようになった。

幻の28府県案

特に源太郎が力を入れたのが、「府県半減案」だ。明治の初め、廃藩置県を行なってから、もう30年以上経っている。通信手段も交通機関なども発達した。府県の規模を倍に拡大し、行政裁量権の多くを地方に与え、分権の実《じつ》をあげようという試みである。

源太郎のもとで秘書官をつとめた水野錬太郎が、後年こう語っている。

児玉さんは、副総理格で地方制度の大改革を決意された。「実行には種々の困難が予想されますが、大臣はそれでも決行されますか」と問うた私たちに対して、「いや行政整理をやろうとする以上自分は百難を排してやるつもりだ。尻込みをしないで調査してみてくれ。自分は必ずやってみせる」と言われた。我々は児玉さんの果敢、勇断の意気に感激して、早速その調査に着手した。

内務省は、日本を1道3府24県にわける「府県廃置法律案」をまとめた。

源太郎のふるさと徳山のある山口県を始め、19県が統合により姿を消す。（図表参照）

地理的、歴史的つながりも考慮しながら各府県の境界線まで緻密に定められていた。

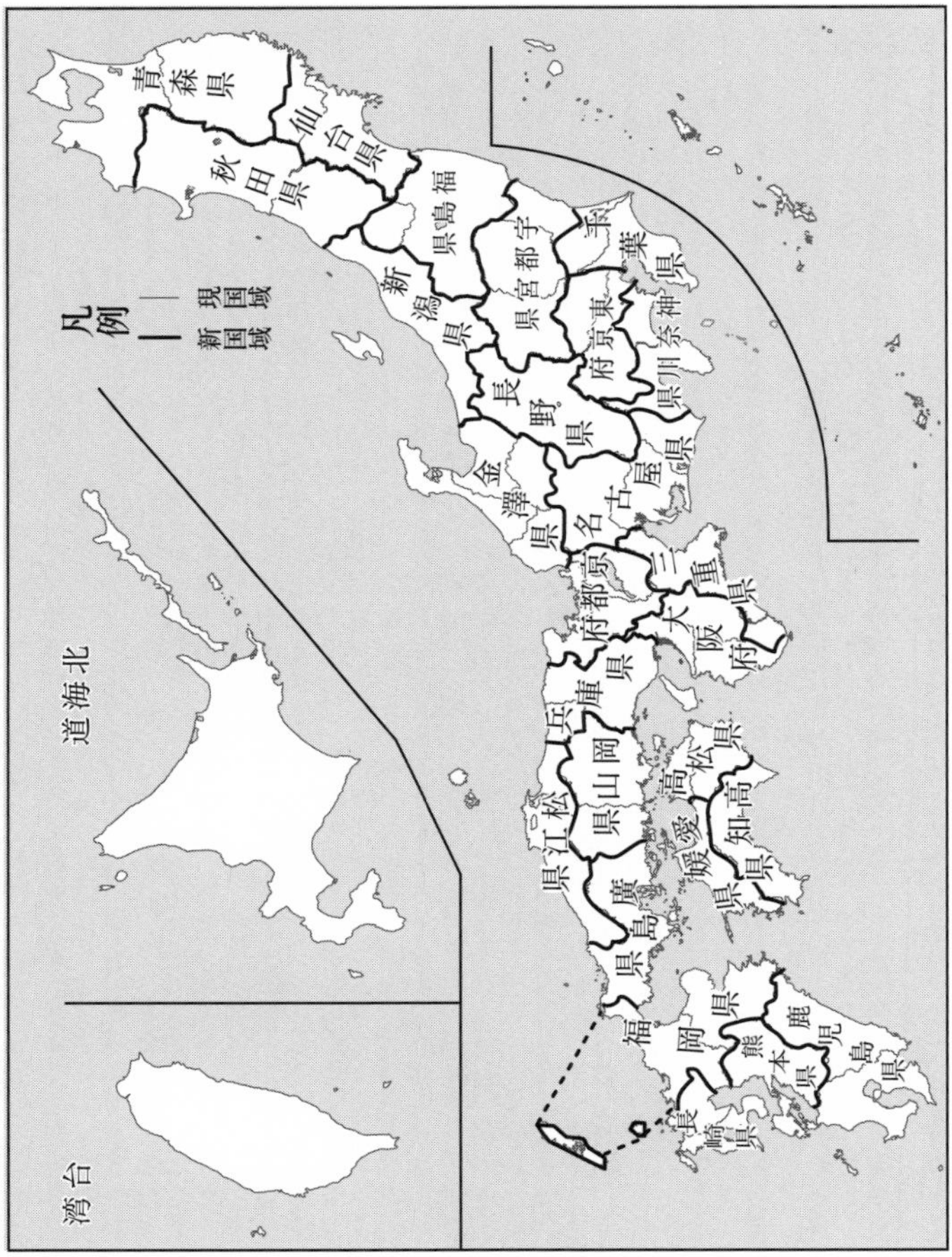

全日本帝国全図より抜粋

名前を変えた県もあった。

宮城県→仙台県、栃木県→宇都宮県、石川県→金沢県、愛知県→名古屋県、島根県→松江県、香川県→高松県

「俺たちの県を潰《つぶ》すつもりか」。地元山口県の関係者をはじめ、全国の議員や有力者たちが一大反対運動を展開した。内務省の中でも「利益少なくして弊害多い案である」と反対の声があがっていたという。

この府県統合案は明治36年（１９０３年）12月に閣議決定され、翌37年（１９０４年）４月の施行が予定されていたが、日露戦争勃発のため法案は提出されずに終わった。

大鉈《おおなた》整理への挑戦

源太郎は、「労働問題・宗教と社会問題・教育と社会政策・農村の興廃など各般にわたる社会問題」についての調査を、部下たちに命じた。報告書にも熱心に目を通し、意見を付け加えた。

源太郎は、警察行政の近代化や東京交通網の整備にもつとめている。

陸軍幼年学校の廃止も行なおうとした。

「小刀で削《けず》ったり鉋《かんな》をかけるような普通のやり方ではなく、内務行政の整理を『大鉈《おおなた》』をふるって根本的に断行する」という源太郎の持論から「児玉の大鉈《おおなた》整理」といわれた。新聞・雑誌は、源太郎のことを「大鉈《おおなた》大臣」と呼んだ。多少の揶揄《やゆ》が混じっている。

源太郎は、文部大臣としても大鉈を振るおうとした。「文部省の廃止」である。源太郎は、文部省の行なっている画一教育に対して疑問を抱いていたようだ。「明治維新の志士は皆、寺子屋で教育を受けている。教育は人格の陶冶《とうや》だった。教育のすべては校長に一任すべきだ。だが、小学校、中学校には行政が必要だから、これは内務省に移管すべきである」という考え方だったようである。

しかし、「桂内閣は文部省を廃止しようとしている」「源太郎の大臣就任が廃止の下準備だ」との噂が流れると、文部省の内外で反対同志会が結成された。文部大臣経験者や元学長など、有力貴族院議員や枢密院を巻き込んでの存置運動が功を奏し、9月22日に、文部大臣は源太郎から文部省存置派の久保田譲に替わった。

文部行政の改革に筋道はついた。これで、いよいよ内務大臣としての職務に専念できると思われたのだが……。

降格人事を志願して

明治36年（１９０３年）10月1日、参謀本部次長の田村怡与造《いよぞう》が、静脈炎から肺炎を併発し、赤十字病院で急死した。50歳だった。参謀本部の大黒柱だった田村は、渾身の力でロシアとの戦争に備えていた。作戦の研究、立案のために疲労困憊《ひろうこんぱい》し、参謀本部の手すりにつかまっても階段を上がれないほどの状態でありながら、毎日鎌倉から登庁したという。過労死だった。

大国ロシアの脅威が、今にもという勢いで日本に迫っているというのに、後任がなかなか決まらない。日本陸軍にとって、日本の国にとって、一大事だった。

そんな時に「火中の栗を拾い」、手を挙げたのが源太郎だ。総理大臣の桂も、頼りにしていた源太郎を泣く泣く内閣から手放さざるを得なかった。例えていうならば、親会社の副社長格の取締役（内務大臣）が、自ら志願して役を辞し、子会社の副社長（参謀本部次長）になるようなもの。10月12日、源太郎は内務大臣を辞め、参謀本部次長を拝命した。

「適任者がいなければ仕方ないじゃないか。お国のためだ。役職なんか関係ない。ガマ坊（大山巌参謀長のあだ名）を助けてやろう」

誰もがあっと驚いた。

後日、源太郎の追悼記事のなかで東京朝日新聞はこの時のことを次のように紹介している。

「…再昨年の秋、参謀次長の田村中将薨去《こうきょ》の後、この人が内務大臣より一転下し、フロックコートを脱いで再び軍服を着け、急に参謀本部に入れる時は、わが国民の百人中、九十九人までは、皆露国との戦争到底避くべからざることを内々に覚悟しおりたる際なりしが、相語って曰《いわ》く、よくも就《つ》きたり、又よくも就かしめたり、と。蓋《けだ》し、この人の果決、精毅が国民の信頼を得ありしによる…」

当時の世界情勢

19世紀末、世界は欧米諸国による植民地争奪戦の真っ只中だった。アフリカの分割は完了しつつあり、列強の目はアジアに向けられ、その波は中国に及んでいた。

「中華秩序の崩壊」が始まった。薩摩藩との両属の国として清に朝貢していた琉球が、明治12年（1879年）に沖縄県となり、日本の領土に組み込まれた。明治17年（1884年）、もう一つの朝貢国ベトナムは清仏戦争の結果、フランスの支配下に入った。

清は「最後の有力な朝貢国」である朝鮮を失うまいとした。

日本は、「朝鮮が外国の支配の及ばない独立国になること」が、自国の安全を守るために必要だと考えていた。

明治27年（１８９４年）、日清戦争が起き、遼東半島と台湾が日本に割譲された。東アジアに野心を持つロシアはドイツ、フランスを誘い、「清国の領土保全」と称して、圧倒的な武力を背景に日本に遼東半島を返還させた。これは「三国干渉」として、日本国民に大きな不満と屈辱感として記憶された。「臥薪嘗胆《がしんしょうたん》」という言葉と共にロシアへの危機感と復讐心を強めた。

列強諸国はその後も清に群がり、対日賠償金への借款供与を申し出て、その見返りに次々と租借地（ある国が条約で一定期間他国に貸し与える土地）や鉄道敷設権などの権益を獲得していった。ロシアは、遼東半島南端の旅順・大連を租借した。フランスは、広州湾一帯を租借した。ドイツも、膠州湾《こうしゅうわん》を占領し租借に成功した。イギリスは、香港に加えて威海衛《いかいえい》・九龍《きゅうりゅう》を租借した。それぞれが、中国進出の足がかりを築いていった。

中国東北部の満州にも、北から新たな脅威が迫っていた。明治24年（１８９１年）、ロシアは、全長９３００キロに及ぶシベリア鉄道（大シベリア幹線）建設に着工した。ヨーロッパから太平洋のウラジオストックまで、ひとつの線路によって繋《つな》げようという構想である。世界第一の陸軍国ロシアが、イギリスの制海権に阻止されることなく、モスクワから中国、朝鮮、日本へも直接に軍事作戦を展開する可能性が出てきた。ただ、シベリア鉄道の終点である軍港ウラジオストックは、冬季には凍結して使用できない。そこでロシアが注目したのが、朝鮮半島と遼東半島だ。南下する支線の敷設と不凍港を確保するため、ロシアは着々と計画を進め、清から敷設権を得て、東清鉄道と東清鉄道の南部支線を引いた。遼東半島も「三国干渉」によって日本から清に返還させ、さらにロシア自身がそれを租借するという手段で勢力圏に入れた。

ロシアは、明治33年（１９００年）に中国で起こった義和団事件を口実に、満州に2万人の兵を送り、そのまま居座っていた。日本は、何度も満州からの撤退を交渉したが、ロシアは聞く耳を持たなかった。明治35年から36年（１９０2年から03年）にかけて鉄道網を整備し、ロシア本国から遼東半島の旅順まで物資が届くようになった。朝鮮北部にも軍事基地を建設し始めた。

鉄道敷設工事は、その後も着々と進められていた。

日本に危機が迫っていた。

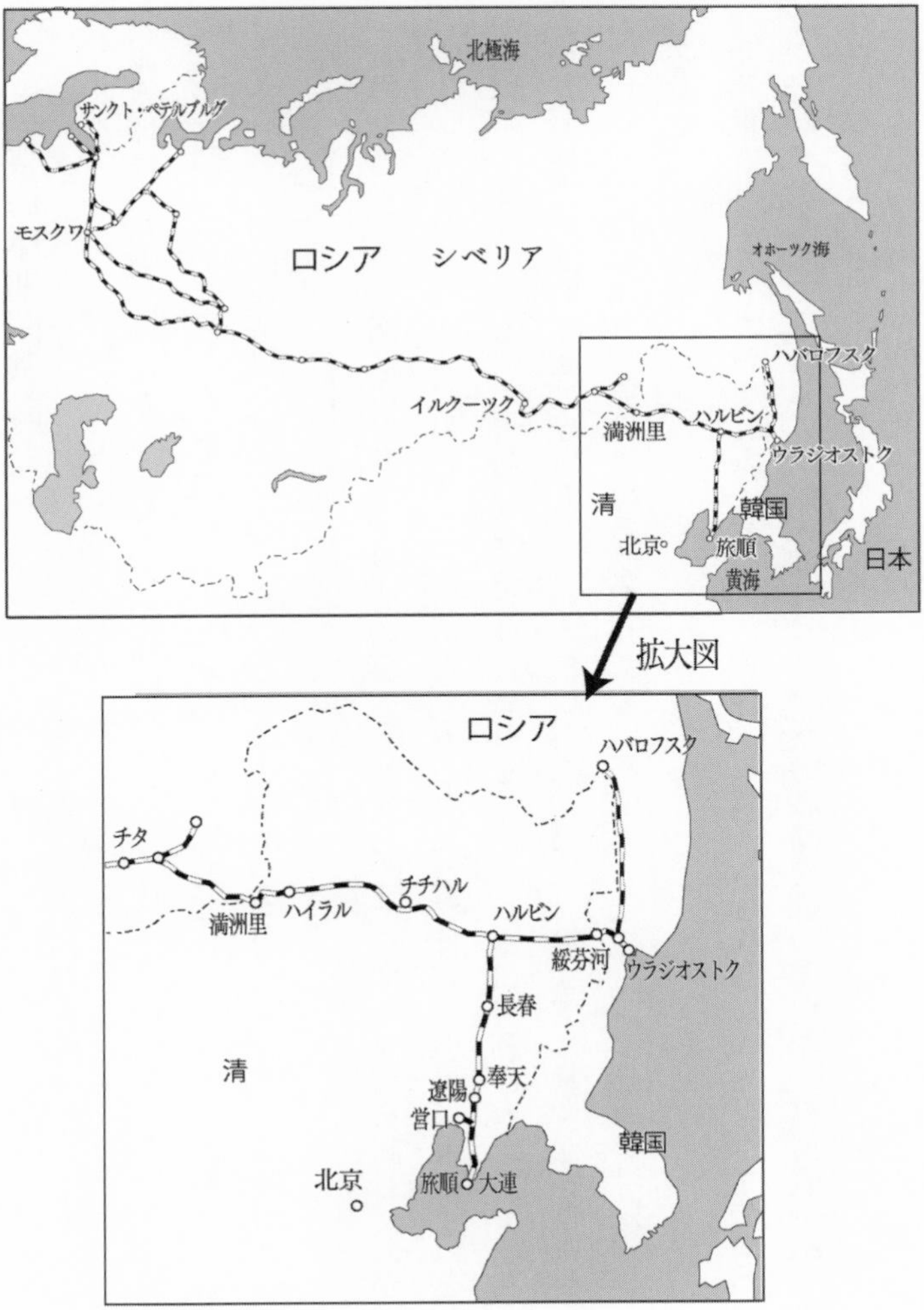

シベリア鉄道と満州鉄道

児玉の早期開戦論

源太郎は内務大臣時代から、様々な情報収集を行なう中で大国ロシアの野望を見抜いていた。戦争はしないに越したことはない。しかし、避けられない戦いもある。たとえ日露交渉がうまくいき平和的な解決を見たとしても、それは短期的なものに過ぎず、開戦が延びるだけだと踏んでいた。ロシアの極東戦略は変わらないからだ。

日露交渉の行方を案じると共に、最悪の事態を想定し、あらゆる対策を講じておかなければならないのがリーダーの役目だ。もし戦いということになれば、長引けば長引くほど日本の勝ち目は薄くなる。少しでも優勢になった時に戦争を終え、日本に有利なかたちで講和条約を結ぶのが賢明だ。また現実問題として、日本にはお金がない。源太郎は戦費が20億円かかると踏んでいた。外債で賄う可能性も探る必要がある。経済界の支援も欠かせない。国内世論の喚起も必要だ。

軍事的な側面からだけではなく経済的、国際的な視点も加味しながら、今まで培ってきた人脈や経験を最大限に駆使して、源太郎はロシアへの戦略を練っていた。日露戦争の〝実質的設計責任者〟は、源太郎だった。

財界への協力要請

内務大臣時代、源太郎は、財界の大御所である渋沢栄一の事務所をアポ無しで訪問した。受付の職員は、この詰襟《つめえり》の白い夏服姿の小男が、まさか大臣とは思わない。

「どなたさまですか？　何時のご予約ですか？」

渋沢は関係する会社だけでも数十に及ぶ。他にもたくさんの団体の世話をしている。あらかじめ約束しているか、紹介状の無いものには取り次がないようにしていた。

「わしは児玉じゃ。名刺を忘れてしまったが、ちょっと取り次いでくれんか。おわかりになるはずじゃ」

受付は一旦引っ込んで、また暫《しばら》くして出てきた。

「コダマさまでしょうか。お約束は無いようですが、それに間もなく外出されますのでご面会できないようでございます」

「渋沢さんはここから出られるのか」

訪問者は廊下を指さして、

「待たせてもらうよ。ちょっとだけで、いいんだ」

と、笑顔で言った。

秘書を伴って渋沢が出てきた。

「おぉ、児玉さん!」

突然の訪問だが、戦争反対、平和論者の渋沢も、待たせた負い目で児玉と会わないわけにはいかなくなった。先方に遅れるとの連絡を入れさせ、時間を割いてくれた。

「児玉さん、今の日本にロシアと戦争するだけのお金はありませんよ。戦い半ばで、砲弾ではなく破産によって国は滅んでしまいます」

渋沢も持論を展開した。

それからも、児玉は渋沢の事務所を訪問した。

内務大臣を辞め、参謀次長になってからも訪問した。

「児玉さん、戦争の見通しはどうなのですか」

「必ず勝てるとは言えません。しかし時間が経てば経つほどロシアに有利になります。もうじきシベリア鉄道が完成します。極東ロシア軍の兵力は膨大なものになっていきます。その時になって起ちあがっても、もはや勝負になりません。ここで戦っておかねば、中国も朝鮮もロシアに併合されて、いずれ日本も植民地になってしまうでしょう。ここは何としてもやらなければならないのです」

源太郎の熱意が渋沢に伝わった。

「児玉さん、私も一兵卒として働きましょう。なんでも命令してください」

2人は固い握手を交わした。

日本郵船の社長の近藤廉平には、朝鮮、満州、シベリア国境へ現地視察に行ってもらった。近藤は満州でロシアの大部隊を目の当たりにして衝撃を受けた。

10月28日、銀行倶楽部の会合で、近藤はロシア軍備の状況を説明し「開戦が一日遅れれば一日の損が生じる。もはや戦費を考慮して逡巡している時ではない」と力説した。渋沢もこれに同意する演説を行なった。

財界は大きく動いた。

陸軍と海軍、協働一致へ向けて

次に源太郎が着手したのが、陸海軍の協力関係の構築だ。陸軍と海軍は決して一枚岩ではなかった。両者の溝を埋めて一致団結しなければ、戦争には勝てない。

「アルゼンチンが発注した軍艦2隻がイタリアの造船所で竣工している、これを譲ってもよい」という情報が入ってきたのだが、海軍では予算が足りなかった。要請に応え、源太郎は「朝鮮の京釜鉄道敷設」の陸軍予算を返上し、海軍に譲渡する形をとった。緊急性を判断してのことだった。こうして購入されたのが、黄海海戦や日本海海戦で活躍する装甲巡洋艦「春日」と「日進」だった。

当時の法律では「陸主海従」といって、陸軍の優越が認められていた。海軍大臣山本権兵衛《ごんのひょうえ》は、これに前から不満だった。それを知った源太郎の働きかけで、明治36年（１９０３年）12月28日、条例の改正・制定によって「陸海対等」に改められた。その2日後の12月30日、初めて陸海軍合同の作戦会議が開かれた。

源太郎の次長就任と共に、陸軍と海軍との意思疎通が段々と図られるようになってきた。

戦争に備えて着々と

源太郎は参謀本部の作戦室にベッドを持ち込み、2週間くらい立てこもって、独りで研究に没頭したという。

源太郎は、袁世凱《えんせいがい》の軍事顧問を務めたことのある青木宣純《のぶずみ》大佐を清国公使館附武官として送り出し、日清協同の諜報機関の組織化を依頼している。青木は「特別任務班」を編成し、シベリア鉄道や通信線などの破壊工作も行なった。

また、明石元二郎大佐に「ペテルブルグ、モスクワ、オデッサに外国人情報提供者２名ずつを配置」するよう指令を発し、諜報破壊工作を通じてロシア国内の革命運動を支援させ、ロシアを内側からも揺さぶった。

また、衆院議長河野広中《こうのひろなか》と諮《はか》って、明治36年（１９０３年）12月10日の第19回議会の開院式で、議長が読み上げる「奉答文《ほうとうぶん》」の文章の中に「政府を弾劾する内容」を紛れ込ませた。先例に慣れた議員たちは、文言を吟味することなく拍手をもってこの議事を可決した。後でそれに気づき、文案再審を訴えて議場は大騒ぎになった。このようなやり方で議会を紛糾させ、解散に追い込んだのだ。３月の総選挙までは議会を開くことができず、そのため、議会の承認を得ることなく、日露戦争は開戦の運びとなった。

あらゆる手段を駆使して、源太郎は開戦に備えた。

総参謀長として最前線の指揮をとる

明治37年（1904年）2月4日、御前会議において「日露開戦」が決定された。2月8日、連合艦隊が、旅順港外に停泊中のロシア太平洋艦隊を攻撃し、戦争が始まった。陸軍は仁川に上陸し、京城《けいじょう》以南の占領を確実にした。

開戦直前に源太郎が立てていた作戦は、第一軍から第四軍までの「4本の矢」をつくり、朝鮮や遼東半島にそれぞれ上陸した後、分散して進撃し、満州の根拠地である遼陽《りょうよう》を占領した後、さらに北上してロシア軍に決戦を挑むというものだった。

開戦後、戦線から離れた日本では実戦の指揮はとれないため、源太郎は参謀総長の大山巌に進言して、留守を預かる東京の参謀本部とは別組織の「満州軍総司令部」を創設することにした。6月20日、大山巌が総司令官に、源太郎は満州軍総参謀長に就任した。7月6日、戦場で直接指揮をとるべく、源太郎は大山と共に東京を出発した。

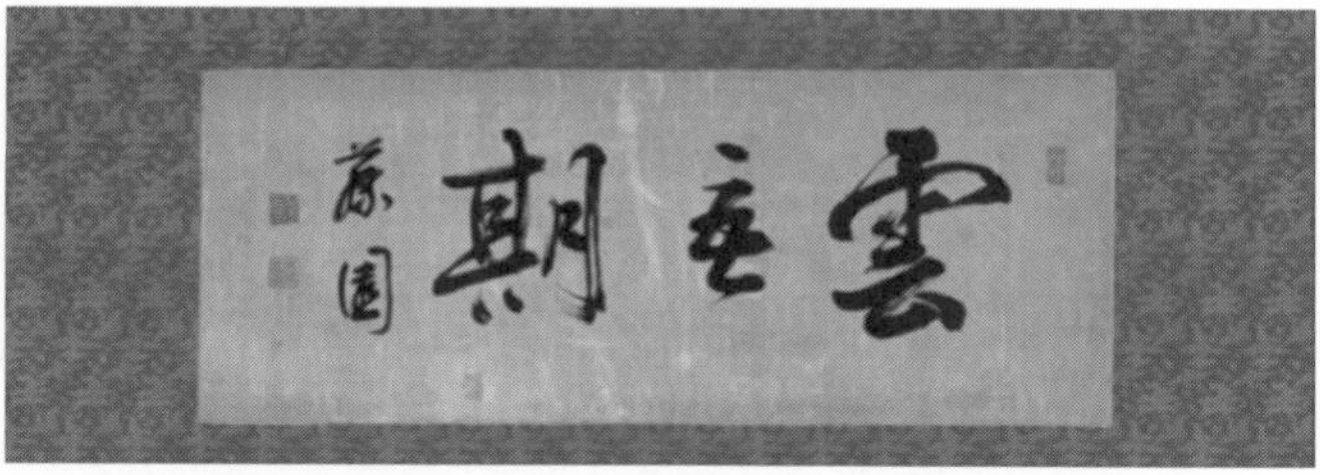

源太郎が日露戦争出陣前、甥に与えたとされる書（周南市美術博物館提供）

戦争の経過

日本とロシアには、圧倒的な国力の差がある。日本は軍備に劣り、戦費も乏しい。戦費調達も外債に大きく頼るしかない。源太郎がとった戦略は、「ロシアが兵力を満州に集中させる前に決着をつける。そのためには、少しでも早く敵に大打撃を与え、日本の評価を高めて外債を獲得し、戦況が有利なうちにイギリスやアメリカに講和の斡旋を依頼して、早期に戦争を終わらせる」というものだった。

第一軍（司令官・黒木為楨《くろきためもと》大将）は2月8日、朝鮮半島に上陸し北上して4月29日から鴨緑江《おうりょくこう》で一戦交えた。敵の2.6倍にあたる4万2千500人の兵力と、最新式12サンチ榴弾砲《りゅうだんほう》20門など3倍の火砲を投入し、ロシア軍に圧勝した。この圧倒的な勝利によって、国外で日本公債は予想を超えて捌《さば》かれていった。引き続き、第一軍は7月に魔天嶺《まてんれい》でロシア軍を破り、遼陽《りょうよう》を目指し北進した。

第二軍（司令官・奥保鞏《おくやすかた》大将）は5月に遼東半島に上陸し、南山《なんざん》のロシア陣地を攻略した後、6月の得利寺《とくりじ》、7月の大石橋《たいせききょう》で勝利して、第一軍および6月に新たに編成された第四軍（司令官・野津道貫《のづみちつら》大将）と共に遼陽に進撃した。

これに対して、ロシアは「ウラジオストックと旅順の艦隊によって日本海の制海権を握りシベリアとヨーロッパから派遣した陸軍によって日本軍を壊滅させる」という戦略をとっていたが、日本からの先制攻撃を受けて防戦一方におわれていた。

日本とロシアが総力を結集した戦いとなったのは8月25日から9月4日まで行われた遼陽会戦だった。両軍の主力がはじめて衝突した戦いで、ロシア軍は15万8千人、日本軍は12万5千人が衝突。日本は遼陽を9月4日に占領したが、敗走するロシア軍を追撃できなかった。日本軍はロシア軍より多い2万3千500人の戦死傷者を出し、12万発もの砲弾を消費した。

10月からは、反撃に転じたロシア軍と沙河《さか》で会戦。苦戦の末に撃退した。ここでも日本軍は敵を追い詰めることができなかった。兵員も弾薬も不足してきていた。

旅順要塞攻撃

第三軍（司令官・乃木希典《のぎまれすけ》大将）は6月6日、遼東半島に上陸した。第三軍は、海軍の要請によりバルチック艦隊が到着する前に、旅順港の背後に築かれた旅順要塞を奪取し、港内のロシア艦隊を壊滅させる作戦に従った。当初は「短期間に陥落できればいいが、攻略戦を挑む必要はない」と考えられていた旅順要塞であるが、海軍の要請でこの方針は１８０度変わってしまう。

要塞は、厚いコンクリートで固められ、深い堀や障害物、高圧電流が流れる鉄条網が張り巡らされており、難攻不落のものだった。日本軍による事前の情報収集も不十分だった。要塞に備え付けられた機関銃の連射によって日本軍は大損害を被《こうむ》ることになる。

８月19日、乃木大将の率いる第三軍は、５万人の兵力と３８０門の火砲を用いて攻撃を開始したが、１万６千人の死傷者を出しても要塞はびくともしなかった。

10月26日、28サンチ榴弾砲《りゅうだんほう》18門の一斉砲撃で始まった２回目の総攻撃も無残な失敗に終わった。東京の乃木邸には投石や罵声が浴びせられ、辞職や切腹を勧告する非難の手紙が殺到したという。

11月26日、第三回総攻撃が始まった。「白襷《しろたすき》隊」と呼ばれた決死隊の突撃も失敗に終わり、多くの犠牲者を出した。27日朝、ついに乃木は、攻撃目標を旅順港を見下ろす二〇三高地とすることに変更した。砲撃に次ぐ砲撃、白兵戦に次ぐ白兵戦で、27日午後８時に高地の一角が日本軍の手に落ちた。だが、すぐにロシア軍に奪還されてしまった。この日から12月５日まで、山頂を争奪すること十数回という世界戦史上稀にみる熾烈《しれつ》な戦いが展開されることとなる。

乃木の苦衷《くちゅう》を察した源太郎は、「予に代はり児玉大将を差遣す。児玉大将の云ふところは予の云ふところと心得可《べ》し」という大山総司令官からの一筆を懐に、11月29日夜、参謀の田中国重を連れて、機関車一両がけん引する有蓋貨車に乗り込み、旅順へ急行した。死を覚悟していた源太郎は、このとき長男秀雄宛ての遺言状を秘書官の関屋貞三郎に託している。

12月1日午前、長嶺子に着いた源太郎は、柳樹房《りゅうじゅぼう》の第三軍司令部に入り、「貴様ら何をしているのか！」と参謀たちを叱りとばした。

乃木は前線の視察に出ていた。源太郎は、折からの雪の中を馬で乃木のところへ向かった。源太郎と乃木の会談は、曹家屯で、他の誰も入れずに行なわれた。

乃木は、その朝「次男保典《やすすけ》少尉の二〇三高地での戦死」を伝えられたばかりだった。乃木は、5月の長男勝典《かつすけ》少尉に続いて2人の息子を失っていた。

2人だけの話し合いで、源太郎は、乃木から旅順攻撃の最高指揮の権限を〝一時《いっとき》〟譲ってもらうことになった。気脈を通じた親友同士にしかわからない「言葉を超越したやり取り」があったことは想像に難くない。

ただちに、源太郎は第三軍の参謀たちに攻撃計画の修正を命じた。

「二〇三高地の占領を確実にするため、速やかに重砲隊の陣地を大平溝に移動させ、敵の砲台を制圧せよ。高地を占領したならば、28サンチ榴弾砲《りゅうだんほう》で昼夜15分ごとに頂上付近に砲撃を続け、敵の奪還を阻止せよ」

源太郎の指揮のもと、激戦に次ぐ激戦が繰り広げられた。20～30人が一団となって、倒されても倒されても、次から次へと突撃を繰り返した。肉弾戦である。二〇三高地が占領されたのは12月5日だった。山頂に観測所が設けられた。観測にしたがって、港内のロシア艦船に向けて28サンチ榴弾砲《りゅうだんほう》による砲撃が始まった。その後の4日間の砲撃によって旅順港内に残っていた敵艦は次々に破壊されていった。

源太郎は、乃木の見送りを受けながら12月9日、総司令部に帰っていった。

二〇三高地に建つ慰霊塔

その後も第三軍の攻撃は続き、翌年1月1日、4か月半にわたる激戦の末、死傷者約6万人の犠牲をもって、ようやく旅順の要塞は陥落した。1月2日、水師営《すいしえい》で乃木とステッセルの間に降伏文書の調印がなされた。難攻不落と言われた旅順要塞が陥落すると、戦況は明らかに日本有利となった。

ロシアでは1月5日、首都サンクトペテルブルグで「血の日曜日事件」が起こった。皇宮への平和的な請願行進に対し軍隊が発砲し1000人以上の死傷者が出た。国民の皇帝ニコライ二世への崇拝は打ち砕かれ、国内では反政府運動が広まっていった。

海外でも「旅順要塞《りょじゅんようさい》の陥落」が知れ渡り、「日露講和の可能性」が議論されるようになった。欧米諸国では、戦争における日本の有利は動かないとみて、「ロシアが受け入れることのできる講和条件」を検討し始めた。

陣中での源太郎

満州軍総司令部は、作戦・情報・兵站《へいたん》の三課に分かれ、各課が起案した案件を源太郎の決裁をもって発送する運びになっていた。源太郎は、立案された中に少しでも不明な点があればどんどん質問した。判りさえすれば直ちに採用して決行した。参謀を召集して軍議を凝らすときは、階級の上下を問わず大いに発言させた。百出した議論に裁断を下すのが、源太郎の役目だった。

俸給が2、3か月分貯まっていたので気をきかせて内地の児玉家に送金した部下が、ひどく怒られた。「そんなことでは傍に置くことはできない」とまで言われた。源太郎は、いつも、その俸給で缶詰やシャツなどを買い求め、満州軍の部下へ配っていたのだった。

明治37年（1904年）11月16日に書かれた家族に送った手紙には、「朝夕屋外の気温は零下6～7度。それでも体感温度は内地の11月ぐらいにすぎない。福島・井口・松川の3人の主任参謀と支那人住居で一緒に暮らしていること。家から送ってもらった石油コンロで牛鳥等の鍋焼をみんなでつついていること。風呂は一か月に1回くらい風邪ひかぬよう気を付けて入っていること」などが、ユーモアたっぷりに書かれている。

大蔵省官僚だった長男の秀雄が軍属として従軍し、総司令部に宿泊した。朝早く起きて陣営の外に出てみると、父が一人で太陽に向かって一心に祈っている。しばら

奉天入城のポスター。ロシア軍を破り、日本軍が奉天に入場する様子が描かれている。先頭は大山巌。すぐ後ろが源太郎（周南市美術博物館提供）

く傍に立っていると、源太郎は息子のほうに向きなおり、やがてこう語った。「いよいよ奉天総攻撃を開始することになった。日本の興廃はこの一戦で決まる。自分は従来人事を尽くして戦勝を期していた。今は、天命を待つよりしかない。お前も戦局を見守っていてくれ」

奉天会戦

明治38年（1905年）2月20日、満州軍総司令部は各軍の司令部を集合させた。司令官大山巌は「来るべき奉天会戦が、日本軍とロシア軍が総力を尽くす、日露戦争の関ヶ原である」という訓示を与えた。

日本軍25万人・砲992門・機関銃268挺《ちょう》、ロシア軍31万人・砲1386門・機関銃56挺。兵力では

日本軍の進路

ロシア軍のほうが優勢だったが、機関銃では日本軍が上回っていた。2月21日から3月10日にかけて、両軍は満州の荒野で激闘を繰り広げた。死傷者は日本軍7万人、ロシア軍は9万人にのぼった。日本の総司令部は進撃を促し続けた。ついにロシアの総司令官クロパトキンは全軍撤退の命令を出し、ロシア軍は次々に北に向けて退却した。兵員も、砲弾も、物資も不足していた日本軍は、これを追撃する余力がもう無かった。

クロパトキンは解任され、後任の総司令官にリネヴィッチ将軍が任命された。

奉天会戦の勝利の報に日本中は沸き返り、さらにロシアを叩くべしという議論が巻き起こった。

戦争の止め時を探る

満州軍総司令官大山巌より一通の電報が、東京の大本営に届いた。日本中が勝利の知らせに沸いていた3月13日のことだった。

「奉天戦勝後の戦略は、政略と異なっていてはいけない。今後の軍事作戦は政略（政治・外交）との整合性を図りながら練っていくべきだ」という内容だった。それは大山と源太郎の一致した考えだった。

本国と戦地の意見を調整するため、さっそく源太郎が大本営に召還された。奉天戦の実況奏聞《そうぶん》という名目での極秘裏の帰国だった。

3月28日の朝、新橋停車場には大本営の長岡外史参謀次長が迎えに来た。長岡が馬車の中でひそかに「今後の作戦は？」と問うたのに対して、源太郎は低く激しいことばで返した。

「長岡、何をぼんやりしちょる！　点《つ》けた火は消さんにゃいけんのを知っちょるじゃろうが！俺は戦争を止めさせるために上京して来たんじゃ！」

その日から源太郎は、関係者を精力的にまわって、持論で説得していった。

「外交では友好国の力を借り交渉のみちを探り、軍事では敵に弱みをみせぬよう極力兵備の充実につとめ、まだ力のあるうちに戦いを終えることが大切だ」

「早期開戦」を訴えてリードしてきた源太郎だが、今度は、どうすればロシアを和平交渉のテーブルに引き出すことができるかを焦点に、「終戦に向かって」全力を尽くした。

これを受け、痛恨の打撃を与えてロシアに講和を早く決断させるため、陸軍は「樺太占領に対する作戦」「朝鮮北部から沿満州に向かう作戦」を展開することとなった。

源太郎のはたらきによって、4月8日「早期平和回復方針」が閣議で承認された。4月17日、元老会議で「アメリカを仲介として早期和平を図る」と決定された。源太郎は5月5日に東京を発ち、5月20日夜、奉天に帰着した。

講和へ

源太郎が満州に戻って1週間後の5月27日から始まった日本海海戦で、東郷平八郎率いる連合艦隊は、ロシアのバルチック艦隊に、海戦史上類をみないほどの完全勝利を収めた。ロシアは制海権を失い、日本の優位は揺るぎないものとなった。

5月31日、駐米公使に対して「米大統領に斡旋を依頼する旨の訓令」が発せられた。6月9日、ルーズベルト大統領の調停があり、8月10日からアメリカのポーツマスで日露講和会議が始まった。

和平の交渉が行われても、戦争自体が終わった訳ではない。満州の戦場では、日本軍とロシア軍は対峙《たいじ》したままだった。源太郎は、この間《かん》も精力的に満州各地を動き回っている。満州軍には総兵站監部《そうへいたんかんぶ》が編成され、その下にあらたに民政長官部が付されることになった。総兵站監は総参謀長である源太郎の兼職である。源太郎は、撫順《ぶじゅん》炭鉱の視察、明治38年（１９０５年）1月に新設された鴨緑江《おうりょくこう》軍の状況視察など、満州軍の態勢強化や兵站《へいたん》業務整理のため、奔走する日々を送っている。日本のどの部隊も軍律は乱れず、兵隊たちの士気はどこまでも高かった。

講和会議での交渉は難航した。日本全権の小村寿太郎外務大臣は、老獪《ろうかい》なロシア全権ウィッテ大蔵大臣と丁々発止のやり取りをおこなった。日々の交渉の模様は世界に報道された。

連戦連勝の戦いに、日本の世論は「多額の賠償金とロシア領土の割譲」を期待していた。しかし実のところ、日本軍はすでに武器・弾薬がほとんど底をついていた状態だった。開戦前8億円と見込んでいた戦費も18億円を超えていた。将兵の損失も著しく、経済的にも軍事的にもこれ以上の戦争続行には耐えられない状態だった。

公表すれば日本国民の理解は得られるかもしれないが、それを知ったロシアは戦争続行を選択し大攻勢をかけてくる可能性がある。また、このまま交渉を続けることになっても、足元をみて無理難題をふっかけてくるに違いない。国民に事実を伝えることのできないジレンマを抱えての交渉は困難の連続だった。

休戦協定の締結が9月1日、日本、ロシア両国が講和条約に調印したのは9月5日のことだった。

「ロシアは、日本の韓国に対する政治・経済・軍事面での権益を承認する。遼東《りょうとう》半島の租借権と、長春《ちょうしゅん》―旅順《りょじゅん》の鉄道を譲渡する。日本は占領下の樺太島の北半分をロシアに返還。賠償金の要求は放棄する」

「賠償金無し、新たな領土の割譲無し」と知って、日露戦争大勝利と教えられ、12万人もの戦病死者と繰り返す大増税に耐えてきた日本国民の不満が爆発した。「軟弱外交」となじり、全国で講和反対運動が巻き起こった。調印日である9月5日、東京・日比谷公園での反対集会は大暴動に発展した。３万人の群衆が２７１か所の警察署、交番を焼き払い、内相官邸や政府の御用新聞と言われていた「国民新聞社」を襲撃した。東京には「戒厳令」が敷《し》かれ、解除されたのは11月29日だった。この間、東京だけで、民家53軒・教会13堂・電車15台が焼失した。交番・派出所の７割以上が焼かれ、死傷者は警官・消防士・軍人が４９４人、民間人は５２８人だった。検挙者は１７００人に達した。そして、東京での騒動は全国に波及した。

講和条件を源太郎はどう見ていたか

講和条約調印を受けて、戦地の満州においても現地での休戦協定を行なった。9月16日をもって満州全域での戦闘を中止すること、隔離地帯を設けて両軍互いに兵を引くこと、鉄道の授受に関して、その後の守備体制等、定めなければならないことは山ほどあった。満州軍の将兵を日本の故郷に帰す大仕事も残っている。終戦時満州にいた兵士約35万人は、明治39年（１９０６年）３月までに続々と復員を果たしていった。

満州軍総司令部が東京に凱旋《がいせん》を飾ったのは、12月７日だった。新橋停車場は大歓迎の人波で溢《あふ》れていた。当時の新聞には、「停車場より宮城《きゅうじょう》（皇居）まで沿道立錐の余地なし」と掲載されている。大山と源太郎は、天皇に戦勝を報告し午餐《ごさん》に招かれ、労《ねぎら》いの勅語《ちょくご》を賜《たまわ》った。生涯における最大の感激だったろう。

源太郎は、講和条約締結20日後の明治38年（１９０５年）９月25日に書かれた、４千字ほどの「日露講和締結に満足する覚書」という文章を残している。日露戦争についての彼の考えを意訳しながら紹介したい。

今回の講和条件については満足している。賠償金を放棄したことについて反対議論もあるが、賠償金を取ることは始めより不可能だった。

今回の戦争の目的は何か？　それは、ロシアの横暴を満州と朝鮮から追い払い、「日本の生存を安全にすること」にあった。「賠償金を取るため」でも「領土を奪う」ためでもない。

この１年半に日本は戦争に15億円を費やしている。今後２年戦争を継続すれば合わせて35億円が必要だ。国家財政はパンクしてしまう。むしろ今の段階で賠償金などあてにせず戦争を止めた方が賢明だ。

戦争に負けても、大国のロシアは極東に投下した資本が回収できないだけで、国家の生存が脅威に晒《さら》されることはない。これに対して日本が敗戦した時は、ロシアに満州・朝鮮を併呑《へいどん》され、日本の国土は直ちにロシアの脅威に晒《さら》されることになってしまう。

ロシア軍は常備兵の３分の１は本国に残している。これに対して日本軍は常備兵はもちろんのこと、国民兵までを召集している。常備兵においても優秀な幹部の多くは戦死傷で倒れて今は臨時任用者が多数を占めている。兵士も短期教育の補充兵ばかりだ。

「内政は王道たり。外交は覇道たり」

国内政治は、仁徳を大切にしながら誠心誠意行なっていかなければならない。これに対して、国際政治は武力と権謀の世界だ。力が全て物事を決める。

これが私の信念だ。

今回の講和は、国家の生存上必要なものだ。開戦当時から私の決意は変わらない。「講和の張本人」と世間から言われることに私は満足と悦《よろこ》びを感じている。

ロシアは日本と比べ、面積で50倍、人口３倍、国家予算10倍、常備軍５倍という大国だ。通常のやり方ではとても敵《かな》わなかったろう。

《ここで戦わなければ日本は滅んでしまうかもしれない。「座して死を待つよりは、出でて活路を見出さん」という強烈な思い（ウォームハート）と、この方法でしか勝てないという冷静な判断（クールヘッド）が、源太郎には備わっていた。

日露講和問題に関し、源太郎は「軟派である」と政治家やマスコミ、国民から非難されていた。事実、「日比谷焼き打ち事件」の際は、警察から多数の巡査が市ヶ谷の児玉邸に派遣された。子どもたちは知人の家に避難している。

源太郎は「信念の男」だった》

しかし、あと10か月足らずでその命は尽きる……。

第5章 戦いのあと篇〔1905〜1906〕

児玉内閣構想

戦争が終わった。明治34年（1901年）6月から4年間以上続いていた桂太郎内閣も、日露戦争を勝利に導き、ポーツマス講和条約を締結して、重責を果たし、総辞職の動きが出てきた。元老や政治家の間では「戦後の後始末は、軍政にも明るい児玉源太郎に任せてはどうか」と期待の声があがっていた。

当時、「次の内閣は児玉さんに是非やって頂きたい」とある議員から言われて、「うん、次の内閣はわしが引き受けることにしよう。大臣の詮衡《せんこう》も簡単だからなあ。内閣総理大臣、兼外務大臣、大蔵大臣、陸軍大臣、内務大臣、司法大臣、農商務大臣、文部大臣、逓信大臣、みな児玉源太郎で良いからな……ハッハッハ」

と煙に巻いたエピソードが残っている。

実は、このようなことがあった。源太郎の「腹心中《ふくしんちゅう》の腹心《ふくしん》」である後藤新平が、満州・奉天の総司令部をはるばる訪ねてきたのは、明治38年（1905年）9月4日、講和条約調印の前日のことだった。単なる満韓視察の旅ではない。源太郎や芳川顕正《よしかわあきまさ》内務大臣の許可を得た上での正式な訪問である。記録を見ると、後藤は8月から9月にかけて伊藤博文、山県有朋、桂太郎とそれぞれ二度ずつの面談をしている。「講和成立にもう少し時間がかかるから」という桂首相からの内示によって出発を一日遅らせ、8月28日に東京を発った。9月4日の午後、奉天に到着し、総司令部に投宿した。5日の夜に源太郎と協議し、翌6日には協議結果の報告を手紙で桂首相に宛《あ》てて送っている。桂は「源太郎に総理就任の意思があるか」を確認するために、後藤を派遣したのだった。その報告内容を意訳した。

私が、3年間代理を務めていた台湾に早く戻って頂き不在期間の施政の検証や現行の人事、事務の改正、ご指導を仰ぎたいと申し出たところ、児玉総督は「必ず復任する。かねてからの考えに変わりはない」と決意を示されました。

《ここからが謎解きのような文章になっている。秘密保持のため暗号化しておかなければならなかったのだろう。理解を助けるため、表記に手を入れた》

閣下（桂太郎）より御内命三か条　①休息、②甲の後継、③乙の後継について児玉大将のお気持ちを聞きましたので報告します。
①休息はやむを得ないと認める。
②その場合甲後継は異議なし。
③乙後継論、目下《もっか》そのような考えはいささかも意中にない。山県有朋侯が奉天にお見えになった時も明言しているとおりだ。
児玉総督は「戦後は再び台湾に帰りたいと思っている」とのことでした。（以下略）
《①は、桂内閣総辞職のことであろう。②の甲後継とは、山県の後任の参謀総長に大山が再び就任することだと思われる。若しくは西園寺公望《さいおんじきんもち》が後継首相となることだったのかも知れない。③は、桂のあとを受けて源太郎が首相となり、内閣を組織することではないだろうか。源太郎はこの時点で、「総理大臣」「参謀総長」などの重用職を受諾する気持ちは一切無く、台湾総督として引き続き台湾経営に専念したいと希望している。源太郎は本当に台湾が大好きだったのだ》
明治39年（1906年）1月7日、西園寺公望内閣が誕生した。
日露戦争中の明治37年（1904年）12月8日、桂首相と政友会幹部・原敬《はらたかし》との間に、「議会で戦争協力をすることの見返りに、戦後は政友会総裁・西園寺公望に政権を譲る」という密約が結ばれていた。桂と原は、その後何度も打ち合わせの場を設けている。立憲国家の日本では、戦時中でも議会が開催される。増税一つにも議会の承認が必要で、議会の協力なくして戦時の国家運営は困難だった。特に「どのような内容の講和条約でも政友会は反対しない」ことになっていたのは、桂にとってありがたいことだった。

桂と原の密約は、こうして実を結んだのだった。

台湾に別れを告げる

明治38年（１９０５年）12月20日、軍の体制は「戦時」から「平時」に戻った。大本営と満州軍総司令部も復員した。参謀総長は、山県有朋に替わって大山巌が復職した。源太郎は参謀本部次長事務取扱を命じられた。

内閣総辞職や首班交代という中央政界の動きには全く関知しないかの如く、12月22日に源太郎は東京を出発し、長い不在中のあいだ滞《とどこお》っていた総督としての事務を片付けるために台湾へ渡った。

実は、台湾総督としての最後の帰還であり、密かに別れを告げにいく訪問だった。内々で、源太郎には次の使命が与えられていたからだ。久しぶりに台北で正月を迎え、台湾南部にも足を延ばし、12月29日から1月17日までの20日間、源太郎は台湾との別れをしっかり惜しんだ。

源太郎は、あらためて、総督就任以来の8年の歳月を懐かしく振り返った。「難治の島」と言われ、治安も悪く、風土病とアヘン禍に悩まされていた未開の土地だった台湾。「植民地として経営することは日本人には不可能だろう」とまで、欧米人から言われていた台湾。現地のアウトロー集団「土匪《どひ》」の平定は特に難業だった。4年以上の時間を費やし、多くの犠牲者も出したが、治安は見違えるように良くなった。予算獲得や、事業公債の発行では、本国とのやり取りに苦心したが、腹心の後藤新平と共に、大規模な土地・人口調査を行ない、道路・鉄道・上下水道・港湾などのインフラ整備を進め、衛生環境と医療の大幅な改善など数々の大事業も行なった。住民への教育普及も進んだ。地籍を整理し、土地所有者を明確にした。米作の改良、山林開発、水力発電、海運、台湾銀行の設立。産業振興のために農学者の新渡戸稲造《にとべいなぞう》を米国から呼びよせ、糖業を重点的に取り上げることにした。製糖工場も建設された。大量の人員整理と行政組織の大改革を行ない、新しい諸制度をつくり、人材を育て、就任当時に感じられた台湾総督府の役人や軍人たちの「澱《よど》んだ空気」を一新した。

今や、台湾は国庫からの補充金を必要としない「自立した地域」となった。総督在任最後の年となる明治38年（１９０５年）度には４９０万円を次年度に繰り越す余裕も出てきた。自分が去っても、もう心配ない。これからもますます発展することだろう。源太郎は密《ひそ》かに〝台湾の島と人々〟に暇《いとま》を告げ、船上の人となった。

1月24日、東京に着いた源太郎を待っていたのは「満州の経営をこれからどうするかという問題」だった。

満州経営委員会

明治39年（１９０６年）１月、源太郎を委員長とする外務・大蔵・逓信・各省の次官と局長による、少数精鋭の「満州経営委員会」が設置された。

明治38年（１９０５年）、「日露講和条約（ポーツマス条約）」が調印されたあと、12月22日に満州に関する「日清満州善後条約」が締結された。

これによって日本が獲得した満州に関する主《おも》な権益は、次のようなものだった。

①関東州の租借権（ロシアから租借権を正式に譲り受けた遼東半島南部３３６７㎢の土地を日本では関東州と呼んだ）

②ロシアが清国から権利を得て敷設《ふせつ》した東清鉄道のうち長春―旅順・大連間の南部支線（南満州鉄道）の鉄道経営とそれに付随する権利

③安東―奉天間の鉄道経営権

④鴨緑江《おうりょくこう》流域での木材伐採権

日本が新たに獲得した利権を中心に、「いかに満州を経営していくのか協議すること」が委員会の目的だった。

最前線で戦争の指揮を執っていた源太郎には現地の事情がよくわかる。また、軍事上ばかりでなく、経済や外交の観点からも総合的な判断ができる。源太郎は名目だけでなく、実力識見兼ね備えた委員長だった。鉄道や運輸のことは逓信省、財政や経済のことは大蔵省というように、それぞれの委員が研究することはもちろんだが、中心になるのは委員長である源太郎の意見だった。源太郎は、日露戦争の最中だった明治37年5月頃から、勝利したときのことを想定して、台湾にいる後藤新平の意見も容れながら、様々な「満州経営策」を練っていたのだ。

満州経営委員会は、「株式会社による民営方式で鉄道経営を行なう。会社は政府も出資する国策会社とし、炭鉱の採掘を含めさまざまな付属事業を行なっていく」と決議した。そして、報告書は3月17日に西園寺首相のもとに提出された。

陸軍参謀総長に就任

明治39年（1906年）4月11日、源太郎は台湾総督を免じられ、陸軍参謀総長に就任した。そして、台湾総督としての勲功により子爵を授けられている。この日、源太郎と共に台湾の発展に尽くしてきた後藤新平も、同時に男爵を授けられた。

台湾総督の後任として佐久間左馬太《さくまさまた》陸軍大将の就任が決まり、後藤民政長官の留任も発表された。後藤新平の日記によると、「大山巌の参謀総長の引退とその後継《こうけい》」について、源太郎は1月26日に後藤に打ち明けている。

陸軍参謀総長としての源太郎には、「戦後の軍備をどうするか」というテーマが大きな壁として立ちふさがっていた。野戦部隊や参謀本部の課題として、強力な大砲・銃砲生産能力の拡充・通信手段の充実・情報収集と分析能力の向上などが考えられていた。また、参謀本部と陸軍省の管轄権限の整理・明確化によって互いの意思疎通の円滑化を図ることなどが挙げられていた。

陸軍の大勢は「軍備の拡張」に傾《かたむ》いていたが、源太郎は「軍備は国力に見合ったものでなければならない」という持論を崩さなかった。軍備拡張案は何度か修正されては参謀総長のところへ届けられた。源太郎は「まだ過大な案だ」としてなかなか同意を与えなかった。

「政府と陸軍・海軍の関係調整」も大きな課題だった。軍事戦略によって軍事力整備計画が作られる。政府と陸軍と海軍とがよく協議したうえで、政略と軍事戦略を一致させ国防方針を決定しなければ、過度の軍事費負担により国家財政はパンクしてしまう。

日露戦争は戦いとしては大勝利だったかもしれないが、財政的には勝利とは程遠《ほどとお》いものだった。日清戦争の戦費は2億1千万円、日露戦争の戦費19億8千400万円。国の予算（明治36年の一般会計）が2億6千万円の時代の話である。日露戦争では、国内の戦時公債の発行だけでなく、大増税と多額の外債発行が行なわれた。日露戦争の巨額な戦費のツケはその後の我が国の経済・財政を長年にわたって厳しく圧迫していくことになる。

源太郎の果たすべき役割は大きかった。

満州問題協議会

明治33年（１９００年）の義和団事件以降、満州はロシアによって事実上占領されていた。日露戦争が始まると、日本は占領地となった土地から順番に金州、大連、旅順と現地に軍政署を設け、軍制区統治を行なっていた。そして日露戦争に勝ったあとも、ロシアにならって満州で占領地行政を続けていた。

明治39年（１９０６年）３月、英米の大使から抗議が相次いで寄せられた。ともに「満州の日本の軍部は外国貿易に拘束を加え、ロシアの占領当時よりも満州の門戸開放を一層厳しく制限している」として、善処を求めていた。

４月14日、西園寺首相は軍政の現況を見るため、大蔵次官・若槻礼次郎《わかつきれいじろう》と共に満州視察に出かけた。西園寺の満州行きは源太郎がすすめたという説もある。約３週間の現地視察を終えた西園寺は５月22日、首相官邸で「満州問題に関する協議会」を開催した。「国としての満州経営の大方針」を打ち立てるためのものだった。

韓国統監・伊藤博文《いとうひろぶみ》、枢密院議長・山県有朋《やまがたありとも》、元帥・大山巌《おおやまいわお》、総理大臣・西園寺公望《さいおんじきんもち》、元老・松方正義、元老・井上馨、陸軍大臣・寺内正毅《てらうちまさたけ》、海軍大臣・斎藤実《さいとうまこと》、大蔵大臣・阪谷芳郎《さかたによしろう》、外務大臣・林董《はやしただす》、陸軍大将・桂太郎《かつらたろう》、海軍大将・山本権兵衛《やまもとごんのひょうえ》、そして陸軍参謀総長・児玉源太郎《こだまげんたろう》。

日清・日露戦争を乗り越えて明治日本を支えてきた錚々《そうそう》たる顔ぶれが揃《そろ》っていた。

実は、西園寺首相に会議を招集させたのは伊藤博文だった。伊藤は原稿用紙30枚にも及ぶ意見書を用意し、皆に配布したうえで会議を終始リードした。

「駐日英大使から密かに抗議の私信を受けた。現在の軍政の状況を続ければ英米は日本が満州の利益を独占し門戸を閉ざすとの印象を持つ。英米人の世論を大切にしなければならない」

「活動する余地が無いため、清国人のあいだに不満がたまっている。地方行政は清国人に任せるべきだ」

「満州は決して我が国の属地ではない。純然たる清国領土の一部である。属地でもない場所に我が主権が行なわれる道理がない」

という一連の伊藤の発言に対し、源太郎は矢面《やおもて》に立ちながらも反論を重ねた。

「まだ残っているロシアの大部隊の南下に備えておきたい」

「外国の例からみても日本のしていることはすべて不当だというわけではない」

「満州経営の上からみれば、将来種々の問題が発生するだろう。軍を置いておかなくてよいのか。満州経営の一切を管轄する組織をつくり指揮権限を一元化しておくべきではないのか」

「満州は清国の領土ではあるが、治安さえ確保できていない。ロシアが再び南下してくれば、この地域を守るのは日本軍しかありえない。撤兵にはもう少し時間が必要だ」。源太郎はそのように考えていた。

しかし、源太郎の意見は採用されることなく、議論は伊藤の優位に進んでいった。結局、伊藤の説得により、軍政署は廃止され、日本は早期撤兵に踏み切ることとなった。ロシアから獲得した満州の権益は、新たに設立される鉄道会社が引き継ぐことになった。

満鉄（南満州鉄道株式会社）設立に向けて

明治39年（1906年）6月7日、南満州鉄道株式会社設立に関する勅令が公布され、「満鉄」は半官半民の会社として出発することとなった。満州経営委員会（委員長・児玉源太郎）が3月に西園寺首相に提出した報告書が政策に反映されたのである。

7月13日、源太郎は南満州鉄道株式会社設立委員長に任命された。設立委員は、渋沢栄一、竹内綱《たけうちつな》といった財界人や技術者、外務省・大蔵省・逓信省など関係省庁の官僚、国会議員、軍の幹部など各界の名士80人から成っていた。

この会社には、鉄道運輸業だけではなく、水陸輸送路の設備、主要停車場の宿泊・食事・貨物貯蔵などの設備の整備、附帯事業として、鉱業、水運業、電気業、倉庫業、鉄道付属地における土地・家屋の運営、その他政府の許可を得た営業活動等々、幅広い事業が認められていた。資本金は2億円で、そのうち1億円は国有財産である撫順《ぶじゅん》炭鉱、煙台《えんたい》炭鉱等であった。最盛期には日本の国家予算の半分規模の資本金があり、鉱工業をはじめとする多くの産業部門に進出し、80余りの関連企業を持ち、社員数40万人を擁した「満鉄」—南満州鉄道株式会社がつくられたのはこの時である。

源太郎は「満鉄」の生みの親のひとりだった。

後藤新平の突然の訪問

明治39年（１９０６年）７月21日（土曜日）、源太郎は朝から気分がすぐれなかった。何か調子がおかしい。さっそく主治医を招いて診《み》てもらった。体温37度６分。咳なく、頭痛なし。食欲ふつう。軽い風邪だろうという診断だった。当夜の華族会館での大島義昌大将の送別会も欠席することにして、訪問客を避けて静養した。

翌22日(日曜日)、昨日に続き主治医に往診してもらう。体温37度5分。前日と余り変化なし。調子がなかなか戻らない。

昼の牛乳をちょうど飲み終えた頃、後藤新平が訪ねて来た。

4月から第五代総督佐久間左馬太のもとで引き続き台湾民政長官を務めていた後藤だが、今日の相談には源太郎も絡《から》んでいた。南満州鉄道株式会社の初代総裁人事のことである。南満州鉄道株式会社の経営を誰に任せるか、山県有朋も、伊藤博文も、西園寺公望も、大蔵大臣の阪谷芳郎も、台湾での実績と経験をもつ後藤新平を「総裁候補者」に推薦した。源太郎は、この人事について「台湾治政に出来得る限りの影響を与えない」という条件での留保付きの賛成であった。

原敬《はらたかし》内務大臣から電報で呼び出しをうけ、台湾から急きょ駆けつけた後藤が東京に着いたのは、今朝のことだ。後藤はただちに原を訪《たず》ね、その足で西園寺首相と会うことになった。西園寺首相から直接に満鉄総裁就任の依頼を受け、一通りの説明を聞いたが、後藤にはどうにも納得出来ないことが多かった。

「満州鉄道は民間の運営ですが、監督権は軍の関東都督《かんとうととく》、責任は領事の外務省にあるとの説明では、統括の中心点がわかりません。また、私は民間会社を経営したこともなく、とても無理な話です。台湾統治を成功させるために、まだまだこれからやらねばならぬことが山ほどあります。佐久間総督にも、その方策について十分お伝えできていません。この話はお断りいたします」

西園寺は困った顔をしてこう言った。

「児玉参謀総長に会って、もう一度相談してみてくれないか」

後藤が牛込市ヶ谷の児玉邸を訪ねた時には、もう午後0時20分になっていた。後藤は、台湾からの長旅の疲れを癒《いや》す間《ま》もなく、朝から東京中を駆け回っている。

「どうしてもご相談したいことがあって参りました」

「よく来たな、まあ昼飯でも食べていきなさい」

後藤は、源太郎が体調を崩していることに気付かなかった。自分のことで精一杯だった。

「実は、満鉄総裁の話を断ってきました」

「どんなやり取りがあったんだい？」

源太郎は、丁寧に詳しく後藤の話を聞いてくれた。

「軍や外務省と三頭立てでは思う存分、腕も揮《ふる》えません。運営にあたっては様々な干渉が予想されます。台湾では軍からの横やりを児玉総督が防《ふせ》いでくださったおかげで成果をあげることができたのです。今回はどうしても自信がありません」

「だいたい満鉄経営は、君が僕に説いたことじゃないか。君と僕とで練った構想じゃないか」

「確かに満州鉄道経営の説は私が提案したものですが、総裁の話が回ってくるとは思っていませんでした。私は微力です。どうしても自信が持てません」

「後藤君、僕は最近ときどき厭世的《えんせいてき》になるんだ。寝ていても、ふと我に返って、勇退してゆっくりしたい思うことがよくあるんだ。だが、時代はそれを許してくれない。だから進んで難局に当たっている。満州問題解決の責任者を求めて、私も一生懸命なのだ。慎重なのはわかる。でもみんなが君に期待している。ぜひ引き受けてくれ」

自信がないとの一点張りの後藤に対して、

「西園寺首相も山県元帥も君の能力を買っている。満州経営上で支障が出てきた時は、私も必ず君のために力を尽くすことを約束する」とも言ってくれた。

これからの満州経営のあり方についても源太郎は熱く語った。

その情熱がしっかりと後藤には伝わってきた。

後藤との面談は3時間にも及んだ。

最後に、源太郎は「山県枢密院議長のところへも行ってみなさい」と、山県に電話をしてくれた。

別れ際の「さらに熟考の時間をください」という後藤の言葉に頷《うなず》いて、「前言《ぜんげん》にいつまでもこだわってはいけないよ。そして、今回の総裁就任はもう辞退できないところまで来ているということも忘れないように。やらぬ方のことばかりじゃなく、やる方のことも考えてくれよ」と諭すように言って送り出してくれた。

もう4時を過ぎていたが、後藤は山県のところに行ってしばらく話した。帰りがけにもう一度源太郎を訪ねようとしたのだが、既に時計は午後6時を回っていたので、その日は寄らずに帰った。

少し熱弁をふるいすぎたみたいだ。源太郎はさすがにぐったりと疲れていた。後藤を山県のところへ送り出してからは、しばらく長椅子に横になって休んだ。なんだか熱っぽく、体調がいま一つ優れない。夕食はいつもの西洋料理をやめて、体に負担のかからない日本料理にした。

源太郎の家族

源太郎は妻マツとの間に７男５女の子宝（三女は赤ん坊の時に早世）に恵まれていた。世間から「子福長者《こふくちょうじゃ》の家」と呼ばれるほどの大家族だった。明治９年（１８７６年）生まれの長男秀雄は大蔵省官吏で、当時の勤務地は朝鮮・京城だった。寺内正毅陸軍大臣の長女を嫁にもらっており、孫の貞子は５歳の可愛い盛りで源太郎の家で預かっていた。末娘の五女鶴子は明治29年（１８９６年）生まれの10歳、彼女は成人して、後の内大臣・木戸幸一に嫁ぐ。児玉家には、源太郎より９つ年上の長姉のヒサ（幕末に暗殺された義兄児玉次郎彦の妻）も同居していた。児玉家に雇人はいたものの、一切万事の家政は妻マツの手で処理せられ、子弟の通学、食事の世話は姉のヒサが分担していた。

源太郎は明治21年（１８８８年）、37歳の時に牛込区市ヶ谷薬王寺前町（現・新宿区市谷薬王寺町）の土地を購入し邸宅を建てた。家族の増加に伴い宅地を買い増し、西洋館や日本家屋などが建築されていた。

明治39年（１９０６年）７月当時、源太郎は西洋館でボーイとコックと一緒に暮らしていた。長女芳子の結納が３日後の25日に決まっていたので、妻のマツはその準備で大忙しだった。この日、他の家族は、姉のヒサと孫の貞子も一緒に毎年恒例の海水浴を楽しむため、鎌倉坂ノ下の別荘に集まっていた。源太郎も翌23日から鎌倉で合流する予定だった。

巨星墜《きょせいお》つ

明治39年（1906年）7月22日の東京の夜は、妙に蒸し暑かった。午後8時過ぎ、源太郎が口笛を吹きながら洋館から家族の住む屋敷へやって来た。家族に心配かけぬよう、体調の悪い様子はつとめて見せぬようにした。妻マツや婚約の調《ととの》った長女芳子も交えて団欒のひとときを楽しんだ。家には三男の友雄も居残っていた。友雄は明治14年（1881年）生まれの26歳、陸軍少尉として日露戦争にも従軍している。鴨緑江《おうりょくこう》の戦いで「戦死した」との誤報が入り、児玉家ではしばらく遺影写真が飾られていたというエピソードがある。

「友雄、碁でも打たんか」

源太郎が声をかけた。

「やりますか！　お父さん」

2人は縁側に座って勝負を楽しんだ。

「頭が熱い熱い」と言いながら、源太郎が洋館に帰っていったのは午後9時過ぎだった。

どちらが勝ったかは覚えていないが、蒸し暑い晩だったことと、碁盤の近くに盆提灯《ぼんちょうちん》が一つ吊るしてあったことが、後々まで友雄の脳裏に焼き付いて離れなかった。

午後９時半、五男の国雄から電報が児玉家に届いた。仙台の第二高等学校に在学中の国雄は当時20歳、夏休みを利用して日露戦争の戦地跡を見学する一人旅の最中だった。「大連に無事着いた」という知らせだろうとマツは判断して、洋館二階の寝室まで女中に電報を届けさせた。「ありがとう」と声をかけ、源太郎はこれを一読してベッドの傍に置いたという。それを見届けて女中は退出した。午後10時だった。生きている源太郎と最後に会ったのはこの女中だったことになる。

７月23日（月曜日）、午前７時頃に後藤新平から電話があった。「まだ寝ています」と断ったが、いつもの源太郎ならもうとっくに起きている時間である。かかりつけ医もこの時間に朝の診断に来ていたが、あまりによく休まれているということで、源太郎の目覚めを待って階下のボーイ室に控えていた。妻のマツが「今朝は起きるのが遅いようで」と言いながら、医師の相手をしていた。

「奥さま、大変ですっ！」。二階から使用人がマツを呼んだ。急いであがってみると、すでに源太郎はこと切れていた。苦痛の表情も見られず、眠るようなあっけない最後だった。

死因は中枢性脳いっ血と診断された。

葬儀は7月28日だった。葬儀掛総裁・寺内正毅《てらうちまさたけ》、副総裁・石黒直悳《いしぐろただのり》、副総裁・後藤新平《ごとうしんぺい》。葬儀委員長は乃木希典《のぎまれすけ》が務めた。当日は天候が悪く、約2千人の葬列は薬王寺前町の私邸から細い雨の中を青山式場に進んだ。4㎞程度の道のりだった。式場には1万人の会葬者が参列して厳粛な式典が行われた。

その後

後日談である。

亡くなる前日に源太郎を訪ねた後藤新平は、どうしても直接会ってもう一度相談したいと思い、翌朝の午前7時ごろ電話をかけたが、「まだ休んでいるから」ということだった。ところが、それから30分も経たないうちに「大病だからすぐ来てくれ」という電話があった。「どの医者が来ているんだ」「そんなヤブじゃだめだ！　他の医者を呼べ」。やり取りをしているうちに「もうダメです」と電話の相手が泣き出した。これは大変だと思ってすぐに駆けつけた。

源太郎は冷たい姿で横たわっていた。昨日のやり取りは末期の教えであるように思われた。具合の悪いなかで3時間半も喋らせたのは、後藤にとって一生償《つぐな》うことのできない、悔やんでも悔やみきれないことだった。

弔い合戦だと思い、源太郎の霊に奉ずるため、後藤は満鉄総裁を引き受けることにした。

後藤新平は、初代満鉄総裁として大連を拠点に満州経営に腕を振るった。台湾時代の人材も多く起用し、台湾時代の経験を十分に活かした。鉄道駅を中心とした雄大な都市計画による都市群や、大連港の整備、教育機関の創設などを行なうと共に、ロシアとの関係修復にもつとめるなど八面六臂の活躍だった。その後、鉄道院総裁として国内の鉄道を整備し、関東大震災後の帝都復興計画の立案・推進にも従事した。逓信大臣、内務大臣、外務大臣、東京市長、ボーイスカウト日本連盟総長や拓殖大学の学長などを歴任し、昭和４年（１９２９年）に73歳で亡くなった。源太郎の影響を大きく受けた一生だった。

源太郎亡きあとの陸軍では、後任の参謀総長に就任した奥保鞏《おくやすかた》のもとで、明治39年（１９０６年）12月20日から、陸軍参謀本部と海軍軍令部による「帝国国防方針」についての協議が開始された。協議は40日程度で終わり、その後の諸手続きを経て、明治40年（１９０７年）４月４日、「国防方針」は明治天皇によって裁可された。

陸軍はロシアを、そして海軍はアメリカを「想定される敵国」の第一とした。「陸軍は平時常設25個師団、戦時は50個師団」、「海軍は戦艦8隻、巡洋艦8隻以上を主幹とする最新鋭の艦隊」を兵備とした。

「国防方針」の決定にあたっては、西園寺首相による「完成を期すが、戦後の財政状況ではすぐにこの兵力を揃えることは難しい」という奉答が天皇に提出されている。

「国防問題」は、目まぐるしく変わる国際情勢や諸外国との外交交渉も重要な要素となる。軍備の充実や戦争遂行には、財政上の裏付けも必要だ。それなのに、政府と軍との協議もされずじまいで、短期間の話し合いで決められた「陸軍と海軍の言い分を書き並べただけの方針」になってしまった。

その後の日本は、陸軍と海軍がそれぞれの軍備増強を訴えて、互いの勢力を伸ばすために予算の分捕り合戦を行なっていく国になってしまった。

《「国家の総力を結集した国防体制の充実」が、源太郎の抱えていた最大の課題だった。源太郎であれば、政府・陸軍・海軍の調整をもっとうまく図ることができたのではと思えてならない》

急逝後、葬儀までの6日間、源太郎の遺体は屋敷の2階大広間に安置され、家族は最期の別れを惜しんだ。姉のヒサが源太郎の額《ひたい》をなでながら「お前はいい時に死んだ」とポツリとつぶやく姿を源太郎の娘が目撃している。一番の身内で母親代わりの存在だったヒサの言葉だけに、実感がこもっていた。

《世間は源太郎のさらなる活躍を期待していたかもしれないが、ここまで評伝を書いてきた筆者には、肉体的にも精神的にも彼は限界寸前だった気がする。このあと源太郎に降りかかるであろう苦難の数々を思うと、ここら辺で休ませてやろうという、天の配剤だったのかもしれない。惜しまれつつのあっけない死こそ

明治39年（1906年）7月28日に行われた
葬儀の模様を写した写真

彼に相応しいものだったような気がしてならない》

人の一生を四季に喩《たと》えるなら、源太郎の55年の人生は冬から始まったが、人生のほとんどは仕事に没頭した夏だった。晩年の彼は辞世ともとれる次の一句を残している。

長すぎて　僕のからだに　秋の風

（了）

源太郎の遺髪塔
興元寺墓地（周南市東一ノ井手）にある
児玉家墓所に建っている

【特別対談】元西日本台湾学友会会長 柳原憲一×木村健一郎

著者 木村健一郎

柳原憲一 氏

著者の木村健一郎は、台湾出身で元西日本台湾学友会会長の柳原憲一氏と、児玉源太郎や日本統治時代の台湾について対談した。

（聞き手・梓書院エグゼクティブアドバイザー／ライター　田上賢祐）

――木村さんは台湾に興味を持つようになったきっかけは何だったのですか。

木村健一郎（以下、木村）　２００２年（平成14年）、山口県議会議員選挙への出馬を表明する記者会見で、尊敬する人物を聞かれ、台湾の李登輝氏だと答えました。李氏がまだ十分に知られていない頃で、記者さんたちは「誰ですか」といった反応でした。「一滴の血も流さずに、台湾を民主主義国家に生まれ変わらせた素晴らしい人物です」と紹介しました。その李氏を２度、訪ねたことがあり、周南市長選挙で初当選し、報告に伺った２度目、握手をしていただいた時の手の大きさと温かさが忘れられません。周南市は児玉源太郎を生んだ町。源太郎を通して、台湾を紹介したいという思いがずっとありました。

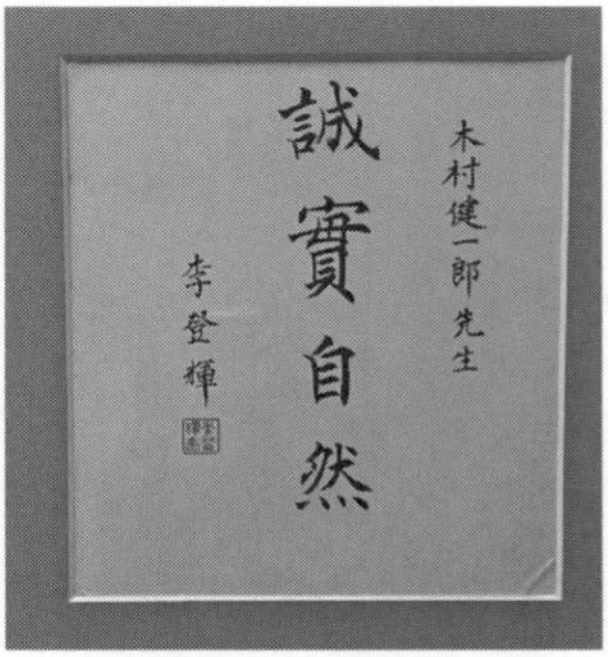

李登輝氏が著者に送った色紙

――柳原さんは27歳の時に来日されたのですね。

柳原憲一（以下、柳原）　私が来日したのは昭和59年（１９８４年）３月です。それまで、台湾の４年制大学で生物学を専攻し、2年間の義務兵役を経て、中高一貫の私立校で1年間、教師を務めました。台湾を離れた当時は戒厳令下で、手紙の持ち出しさえ禁止されていました。大阪の伊丹空港に到着して数日後、大雪に見舞われたことが印象的でした。日本統治時代の台湾に対する知識はむしろ、日本に来てから様々な史料に触れて深まりました。今回、木村さんの資料を読み、探し求めるものが見事なほどに書かれていることに驚きました。

例えば、台湾のインフラ整備を巡り、6000万円の予算が削られてでも、あの手この手で事業をスタートさせる。こうした話は実に興味深く感じました。

木村 柳原先生は源太郎の治政を含め50年間の日本統治をどのようにご覧になっていますか。

柳原 私は日本統治時代を4つに分け、「日台運命共同の起承転結」ととらえています。「起」は日本の領有が始まった1895年から1898年まで。「承」は児玉源太郎と後藤新平が台湾総督、民政局長に就任した1898年から1915年までで、児玉は統治の在り方をすべて決めました。1915年から1930年までの「転」では日月潭発電所や八田与一による嘉南大圳《たいしゅう》が建設されますが、これは「承」の延長線としての展開です。まさに、児玉は台湾の国づくりに強固な基礎をつくった存在であると考えています。

「結」は満州事変が勃発した1931年から1945年の終戦まで。私は太平洋戦争の引き金は日本軍の仏印進駐（１９４０年、１９４１年、フランス領インドシナへの出兵）と理解しています。この時の指揮官だった安藤利吉は最後（第十九代）の台湾総督。そこに歴史のドラマを見ます。

木村　源太郎は台湾の土匪対策に多くの労力を割きました。なぜ、そこまで抵抗するのか、という思いがするのですが。

柳原　『水滸伝』のように、中国そのものがそうした風土だったと言えるでしょう。清国の官僚が来て、都合の良いところだけを支配して、あとは知らないとする現状があった。そうすると、清の支配と地元勢力との二重統治が生まれる。

木村　清国が治めていた当時は、台湾の統治システムが機能しなかったということでしょうか。

柳原　歴史を理解するには、その時代にタイムスリップして事象をとらえる必要があります。当時、中国本土も台湾も公の力と地元の力のシーソーゲームの中にあり、すべてが公の力で治安維持するのは限界があった。そこに私兵が容認された。大地主が自分の小作の中から動員して軍隊を組織したり、自警団化したりしたのです。茶畑や森林で生計を立てたり、日用品や漢方薬の行商を行なうなど米作以外の経済領域でも支配勢力がありました。さらに、台北郊外に古くから広がる茶の特産地でも土匪が存在しました。

私が常に主張するのは、清朝は無責任だったという点です。本来ならば、日清講和条約の手続き、手順にのっとり、清国側が責任を持って、速やかに要員を台湾に派遣して、官僚や有力者に政権交代を周知し、住民に日本領有後も生命、財産は保証され、日本政府が台湾住民に対して2年間の国籍選択、財産の売却余裕が定めていることを説明すべきでした。また、政府機構や国有財産の移行準備もしなければなりません。条約通りに確実に実行されていれば、台湾の住民が多大な犠牲を払うこともなかったと言えるでしょう。新聞もテレビもインターネットもなかった時代、住民の情報源や法的な概念、国際観も清国の官僚らに左右されていたのです。

――ところで、台湾はこの度の新型コロナウイルス対策で世界の注目を集めていますね。

柳原　私は「お国のため」という言葉で言い表すことができると思います。今の日本では死語になった言葉でしょう。李登輝先生がよくおっしゃっていた「公の精神」と一緒です。お国のためならば、なすべきこと、やってはいけないこと、そして、やるべき方法論がおのずと分かる。当事者、関係者はそれを意識しているかどうかは別として、日本統治時代の「日本精神」が脈々と息づき、今、復活していると思うのです。

翻って、児玉源太郎と後藤新平の出会いは日清戦争後の帰還兵の検疫事業でした。専門家の後藤に権限を与え、対処を任せて、成功させた。コロナを巡り、「台湾はすごい」「日本はだめだ」などと言われるけれど、日本は100年以上前にやっていたのです。

——リーダーとしての児玉源太郎をどうとらえますか。

木村　稀有な存在だと思います。ものの見方がすべて前向きで、マイナス思考がない。源太郎には、こうあるべきだと、理論だてた「主義」というものは一切ない。それでいながら、根本はしっかり分かっていて、公心を忘れずに、その時その時を精一杯、生き抜いている気がします。

柳原　私は児玉の教育政策を顕彰したい。日本語教育を行なう公学校を台湾全土に沢山、作った。それは今も昔も、日本の小学校と一緒です。最初から強制的な語学教育は行わず、公学校に通うかどうかは自由で、法的な制限はなかった。一方で、日本人教師、日本人警察官は台湾語を学ぶことを並行して行なった。もう一つは総督府医学校（明治32年・1899年開設）です。台湾の衛生改善のために、現地で医師を育成する必要がある。しかし、日本と同じ教育システムで行なうと間に合わない。仮に公学校を12歳で卒業し、医学校で予科1年、本科学4年の計5年間学び、17歳で医者になった。これが最速のやり方でした。医学校は、のちに台湾で初めて医学博士号を取得した杜聰明らを輩出しました。医学校はのちに医学専門学校になり、昭和11年（1936年）には台北帝国大学医学部が設置されるなど、昭和になると、台湾は日本と肩を並べるまでになりました。

――総じて、児玉が果たした役割、功績をどう考えますか。

柳原 日本に大統領型の総理大臣という制度があったならば、児玉は立派な国のリーダーとしての役割を果たしたでしょう。台湾を上手に統治するだけではなく、日本を立派に、安全な国としてまとめていく能力を十分に持っていたと思います。

木村 これはぜひ、お尋ねしたいのですが、源太郎は台湾でどのように評価されているのでしょうか。

柳原 残念ながら、評価という以前に、存在自体があまり知られていないのが実情です。特に台湾を変えていこうとした彼の心が伝わっていない。木村さんの今回の本をきっかけに台湾の人々に、児玉を認識してもらいたいですね。

――今後の日台関係、日台交流についてのお考えを聞かせてください。

木村 日本も台湾も、自由や人権、民主主義を大切にする国です。困った時は助け合い、東アジアの安定と平和のために、さらによい関係を深めていくべきだと思います。

柳原 私はあまり楽観的に考えていません。一つは、戦後の日本はちょっとした風向きで、日中友好に流れていく可能性が常にあります。また、もう一つは台湾側の問題です。日本と人口で5倍の開きがあり、面積も小さい。日本人は文化的なものを探したりとか、掘り下げたりとか、そういう欲求がすごく強い。台湾はそうした日本人のニーズを十分に満足させられるかどうかです。もっとも、日本人と台湾人が一緒になって、日本人の目線から、見たい、知りたい、聞きたいものを発掘する動きが生まれています。これは大事なことです。

――これからの活動についてのお考えは。

柳原　数年前、太平洋戦争の戦犯の遺書集から台湾人、台湾兵の遺言を取り上げ、研究したことがありました。陰に隠れたテーマに光を当てていくのが好きなのです。一年に一テーマを深く掘り下げ、世の中に出していく作業をこれからも続けていきたいと思っています。

木村　源太郎をほめていただきました。55歳で急死した彼があの先も活躍していたら、陸海軍と政府の協力体制を築きながら軍備拡張を抑え、日本の国の在り方、満州の在り方、東アジアの在り方も今より変わっていたかもしれません。源太郎は「公心《こころ》」の持ち主ですから、日本のためにではなく、そこに暮らしている人たちのための政治ができたのではないかと改めて思います。今日はありがとうございました。

（２０２１年2月21日、福岡市で）

この特別対談が行われた後、台湾では新型コロナウイルスの市中感染が発生。日本政府は6月、台湾にワクチンを無償で提供した。

児玉源太郎の横顔〈エピソード集〉

【日　課】

『早寝早起き』（森山守次・倉辻明義『児玉大将伝』より）

児玉源太郎は早寝早起きの人。

毎朝5時半には目を覚ます。まず庭園を散歩。7歳から続けている頭からザブンの水浴び。部屋に戻って新聞書籍等をじっくり読む。

夜は8時か9時には床につく。宴会などがあっても11時を過ぎて家に帰ることはない。

2次会、3次会とハシゴ酒で、グダグダおしゃべりするよりも、パーッと陽気に騒いで、サーッと帰るタイプ。

『毎朝の水浴び』（同）

源太郎は50年間、毎朝水浴びを欠かしたこと

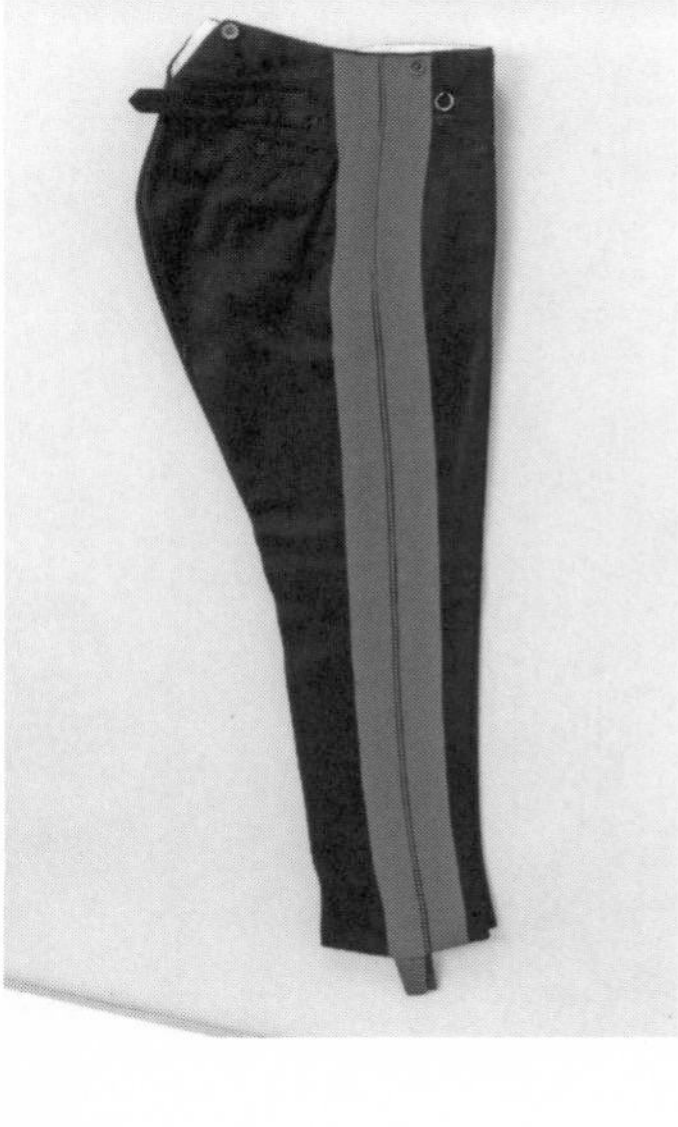

源太郎が着用した軍服
（周南市美術博物館提供）

がなかった。母から「お前は頭が悪いので、ぜひ水浴びをしなさい」と言われたのがきっかけだそうだ。

どんな寒い時も、いかなる境遇にある時も、やめたことはない。よほど意志が強くなくてはできないこと。

「冷水シャワーを毎朝浴びると、脳の回転が速くなり、免疫力も強化され、ストレスも減少する」という学説もあるそうで、常人離れのパワーの秘訣もここら辺にあったのかもしれない。

【嗜好・息抜き】

『煙草が大好き』（森山守次・倉辻明義『児玉大将伝』より）

軍帽は、時に庇《ひさし》が横を向いていることもあるような次第で、万事が無造作だった。刀も妙な持ち方をして歩いていた。

非常にタバコが好きで、愛煙家として知られていた。常に外国タバコの両切りを用い、これをパイプで吸っていた。このパイプたる

源太郎が愛用した中国製水煙具
（周南市美術博物館提供）

軍服姿の源太郎の胸像
（周南市美術博物館提供）

や、掃除されたことがないようで、吸うたびにジューージューと音がする。傍《そば》のものが気にして注意しても、一向に平気だったそうだ。

『ビリヤードと源太郎』（同）

台湾総督に就任した頃、友人の杉山茂丸が官邸を訪ねると、源太郎はボーイや給仕を相手にビリヤードに興じていた。あまりにヘタなので、「台湾経営で、こんなに的が外れたら大ごとだ」と杉山が冷やかすと、「玉は嫌でも突かねばならぬ。政治はこれと反対だ。突いて外れたら大変だから、僕はキューを構えて政治の玉が転がって来るのを待っているんだ。人民や有志家、悪口屋が世の中には多いから、さまざまな問題を担ぎ出して向こうの方から転がりかかって来るんだよ。来た時に突けば僕でも間違いなく当たるよ」と、大声で笑ったそうだ。

【キャラクター】

『日本語で押し通す』（森山守次・倉辻明義『児玉大将伝』より）

源太郎は、どこまでも快活でにぎやかな人だった。同じ宴会でも、源太郎がいると、参加者はみんな愉快な気持ちになるのが常だった。

外国人の多い宴席でも、やはり源太郎は歓迎された。そのくせ、源太郎は外国語を話せない。例の快活な調子で、外国紳士でも貴婦人でもかまわず相手にして、日本語で話しかける。それがかえって愛嬌になって、相手にも喜ばれていた。

『墓が立派』(同)

日露戦争開戦前夜の頃の話。

総督として台湾治政に携わりながら、桂内閣の立役者であり中心として内務大臣を務め、更に文部大臣を引き受け行政整理の難局に立ち向かおうとした。

某氏が、あまりに任務が重大なのを心痛して忠告すると、源太郎はいつものように朗らかに笑いながら、

「なあに今死ねば肩書きが多いから、墓が立派になって良い!」

『結婚媒酌人の頼み方』(同)

源太郎が、石黒直悳のところまで直々に頼みにやって来た。

「長男秀雄の結婚式（新婦は寺内正毅の娘さわ子）の媒酌を引き受けてもらえないだろうか」

これに対して石黒は、

「私は良いのだが、妻が病身なのでそういう話は断るようにしているのだ」

と答えて逃げた。

源太郎は、その時は「そうですか」と軽くあいさつをして去っていった。

それから4、5日して、2人が出会った時、源太郎はいきなり
「時に、倅《せがれ》の結婚の日取りはいつにされましたか」

と石黒に問いかけてきた。

「それはこの前も言ったとおり、妻が病身だからとお断りしたはずだが」と答えると、「いや、その事なら、心配ご無用。夫人にはすでに承諾を得ていますから」と、すました顔で源太郎が言う。

慌《あわ》てて家に帰って、石黒が妻に問いただしたところ
「先日、児玉さんがわざわざ訪ねてくださって、否応なしに承諾させられました。その時に『私に考えがありますから、しばらくご主人にはご内密に』と仰《おっしゃ》ったので何をなさることかと思い、そのままにしておきました」とのこと。さらにその承諾を求めに来た日を聞くと、石黒が断った翌日だった。

石黒直悳（１８４５～１９４１）
福島県出身。草創期の軍医制度を確立した人物。軍医総監、貴族院議員、日本赤十字社社長を歴任。文学研究者には、森鴎外の上官としてもよく知られている。源太郎とは、明治７年（１８７４年）、佐賀の乱で瀕死の重傷を負った彼を治療して以来の付き合い。
後藤新平の才能を見出《みいだ》し、いつも後ろ盾となって支えた。源太郎に後藤を紹介したのも石黒直悳だった。

【ポリシー】

『主義はあくまで尊重』（吉武源五郎『児玉藤園将軍』より）

台湾で土木局長をつとめていた長尾半平の回想。

長尾は明治38年（１９０５年）、児玉総督の台湾南部巡視に随行した。

自分はキリスト教信者なので神社での参拝はしたくない。他の随行者達の心配する中、総督の部屋まで翌朝の台南神社参拝随行を断りに行った。源太郎は理由も聞かず、すぐに「それで良い」と快諾してくれた。

ところが、新聞記事には「土木局長も台南神社に参拝した」と書かれていたようだ。

後日、台北に帰って、ある人が記事を見て、源太郎に聞いた。

「あの頑固者の長尾がよく参拝しましたね」

源太郎は即座に一言。「いや土木局長は参拝してないよ。彼はキリスト教信者じゃないか」

と答えてくれたそうだ。

長尾は「人の主義」を尊重する源太郎の姿に敬服した。


『もう台湾は武力で治めない』（森山守次・倉辻明義『児玉大将伝』より）

明治34年（1901年）10月、台湾神社の鎮座式が挙行された。

神社の建設にあたって、二の鳥居を入った左右の高台に日清戦争の戦利品の重砲が一門ずつ据えつけられた。

事前の検分でそれを見つけた源太郎、

「馬鹿なことをするな。もう台湾は武力では治めない。それなのに神社を武力で守るとは、神様の御威徳を汚《けが》すものだ。速やかに鳥居の外に移せ」

その言葉を聞いた人たちは、皆、源太郎の信念に敬服した。

おわりに

市長職から離れ、自由な時間を持てるようになったのを機に、２０１９年の秋頃から、これまでに収集していた資料を整理し、あらたな文献などを買い求め、郷土の偉人である児玉源太郎の研究を進めていた。

色々なメモをまとめながら「いつか評伝を書くことができるといいな」と、ぼんやり考えていた。

２０２０年1月17日、携帯にメッセージが入った。

「読売新聞の田上です。いかがお過ごしですか。阪神大震災からもう25年。木村さんと一緒に神戸を訪れたことを思い出しました」

懐かしかった。田上賢祐さんとは、１９９５年3月、ビルが倒壊し瓦礫《がれき》が散乱した街を、リュックを背負ってボランティア活動で歩き回った仲だった。

久しぶりのやり取りの中で、「時間ができたので本を出したいんだ」という話をしたと思う。

「福岡に知り合いの出版社があります。話をしてみましょうか」

田上さんがつないでくれた。

運悪く新型コロナウイルスの緊急事態宣言が福岡に発令され、電話やメールでのやり取りだけで、なかなか直接会っての打ち合わせが出来ない。ようやく梓書院を訪問できた時には、夏になっていた。そして、正式に出版が決まった。資料の読み込みは十分出来ている。よしやるぞ！

「人は時代の子」であると、つくづく思う。

児玉源太郎は幕末の混乱の中、長州支藩の徳山に生まれ、13歳の時に義兄を暗殺で失い、お家断絶や窮乏の時代も経験している。18歳で初陣、兵部省に仕官、明治の初期に相次いだ士族の反乱を鎮圧し、たたき上げの軍人として日本陸軍を引っ張ってきた。台湾総督としてみごとな行政手腕を発揮し、陸軍大臣、内務大臣、文部大臣も歴任した。日露戦争を統括し、日本陸軍を実質的に指揮して、大国ロシアの侵略から日本を守りきった明治の偉人。大変革の時代に、公を貫き通し、燃焼し尽くした55年の人生。

本書を執筆するにあたって、もう一度、彼の特徴やイメージをまとめてみた。

体小さい（身長150cm）、声大きい、明朗快活、短気、涙脆《なみだもろ》い（女義太夫《おんなぎだゆう》「阿波の鳴門」を聞いて手放しで泣いたエピソードがある）、いたずら好き、決断力、機敏なる動作、人に仕える達人であり人を使う達人でもある、抜群の事務能力、何ごとにも前向き、公平、無私、廉潔、勇気、精励、勤勉、度量が大きい、合理主義、現実主義、先見性、抜群の折衝《せっしょう》能力、フットワークの良さ、衆議を裁くことに巧み、迅速明快な裁決、果断、時間の使い方が上手い、よく学びよく遊ぶ、早寝早起き、陽気なお酒、ぱっと騒いでサッと帰る、花柳界《かりゅうかい》の人気者、人の主義を尊重し他人に無理強いをしない、小手先ではなく常に王道を、誠心誠意、嫌《いや》みの無いさっぱりした人、人に好かれる人、家族を大切にする人、脳の働きの電光石火の如き人。

同じようなDNAの持ち主でも、どのような時代に生きたかによって、全くその人生は異なってくる。彼の一生を辿りながらこう考えた。時代が児玉を要求し、時代が児玉をつくった。彼は時代の申し子だ。人知を超えた大きな存在が児玉源太郎をあの時代に送り込んだとしか思えない。

彼は、正規の教育はほとんど受けていない。しかし、一般学問の概念を遥かに超えた「知恵のかたまり」のような人だった。一切の固定概念や硬直した思想・主義に拘泥せず、自由に発想し、多角的な視点から常に本質を見極めることが出来る男。「○○は○○でなければならない」「○○は○○すべきだ」という決めつけは一切しない。「融通無碍《ゆうずうむげ》」という言葉がこれほど似合う男もいないだろう。

台湾が乃木総督の時代、「台湾島民が中国本土に帰還すれば、日本人を台湾に移住させて農業や林業を営んで貰《もら》えばいい」という考え方もあった。台湾のフランスへの売却論が唱えられていた頃だ。しかし、児玉は「従来の台湾人なればこそ、風土に慣れ、勤勉労働に従事するという良風もある。内地人が台湾に来ても、暑さに耐え風土に順応して台湾人同様の労働は出来るものではない。まずは島民の人心安定をはかるべきだ」と覚悟を決めていた。台湾統治をめぐる乃木と児玉との相違でもあった。

もう10年長生きしてもらえば、政府・陸軍・海軍の調整役となり、むやみな軍拡に歯止めをかけ、昭和期の陸軍の暴走もなかったかもしれない。児玉が去った後の歴史を知れば知るほど、ないものねだりをしたくなる。

しかしながら、歴史に「イフ」は持ち込めない。すべてが「時代の流れ」。人は「時代の子」から逃れることはできないのだろう。

「時代」というテーマを切り口に、私の興味の範囲はさらに広がった。「中国の冊封体制」「日・清・韓の関係史」「満州帝国」「黄禍論」等々。まだまだ知りたいことだらけ。一生が学びの連続だと思わされる。さらなる精進を続けて行くつもりだ。

本書の執筆にあたって、長南政義『児玉源太郎』（注釈付きで史料原典が示してあり大変参考になった）、周南市教育委員会『児玉源太郎資料調査報告書』、長田昇『兒玉源太郎』、小林道彦『児玉源太郎　そこから旅順港は見えるか』他たくさんの先達の方々による資料を参考にさせていただいた。あらためて感謝したい。

台湾平埔族研究家であり元西日本台湾学友会会長・柳原憲一さんには忙しいなか対談の相手をつとめて頂き、多くの有意義なお話を伺うことができた。また、周南市教育委員会・川上浩史さん、周南美術博物館館長・有田順一さん、学芸員・松本久美子さんからは、資料提供や的確なアドバイスを頂いた。心より御礼申し上げたい。

過分な推薦文を戴いたジャーナリスト・櫻井よしこさん、台北駐福岡経済文化辧事處・陳忠正處長、児玉源太郎顕彰会・山下武右会長にも感謝の意を表したい。

最後に、全体の流れや構成のアドバイスを頂いた梓書院の前田司さん、一年がかりでお付き合いいただき、終始励まし（メールの最後は「頑張ってください」ではなくいつも「頑張りましょう」で終わっていた）を受け、徳山での現地調査にも同行し、文章の表現を含む編集全般の面倒を見てくださった田上賢祐さんには感謝の仕様がない。本当にありがとうございました。

【資料編】

第16回帝国議会
貴族院予算委員会　速記録から

台湾総督に「特別統治」の権限を与えていた「六三法」は、明治35年（１９０２年）３月に２回目の延長期限を迎えようとしていた。

総督府の政策に批判的な台湾在住の日本人グループは、日刊『台湾民報』を発行し「六三法」反対の言論活動を展開するとともに、日本の中央政界に台湾問題を持ち込むため、帝国議会へも積極的なロビー活動も展開していた。

更新か、撤廃か。

第16回帝国議会で、「台湾総督府問題」は重要議題となった。

「六三法」の延長を勝ち取るため、総督である源太郎が自ら赴いて説明を行なった。

２月５日午後の衆議院の委員会は、「この政略は自然まだ発せぬところの考えを以て言わねばならぬことになります」「種種な障害が起って来る」ので「秘密会を願いたい」として、非公開の秘密会となっている。

衆議院では、「六三法」延長賛成１６４票・反対84票で、３年間の継続と決まり、その後、貴族院も通過した。

今回紹介するのは、明治35年２月14日の貴族院予算委員会議事録である。

源太郎の答弁要旨

土匪《啍嗶》対策

・台湾統治における大きな障害は「土匪の存在」

だった。台湾南部では残存しているが、様々な手法を用いることにより土匪対策の効果は着々と上がりつつある。

経済政策

・明治32年（1899年）に「20年計画」を発表した。阿片、樟脳、藍、食塩の専売も始めた。歳入は順調に推移している。

鉄道事業

・事業公債を活用しながら、少しずつ線路の復旧、延伸工事を進め、大雨で流された橋梁の架け直しも行なっている。資金難のため工事が捗《はかど》っていない。

港湾整備

・基隆の築港のため追加予算を請求する積りである。小樽の築港を参考にしながら調査研究しているが、荒海であり相当な難工事と多額の費用が予想される。何としても成し遂げたい。

教育政策

・台湾には、国語学校、師範学校、公学校、書房、医学校などがある。機械学農学校や女学校もあり、内地人のための学校もある。特徴ある教育を行なっている。

土地調査

・測量作業は順調に進んでいる。測量によって実測面積が増すと思っていたが、予想よりはるかに増えそうである。測量費用もかさむが、税収も上がりそうだ。37年に完成させ、その後は権利調整を行なっていきたい。

第16回帝国議会
貴族院予算委員第三分科会

文章の中には「土人」など一部配慮すべき表現・用語が含まれていますが、当時の状況をわかって頂くためそのままで書き写しました。（文責・木村健一郎）

［明治35年（1902年）2月14日金曜日午後0時46分開会］

質問　台湾統治の全体の現況は如何なる有様であるか

「台湾のパノラマ」（現状、将来ビジョンの意味か）というところを伺いたい。

答弁　国務大臣（男爵　児玉源太郎君）

行政改革

・昨年、台北・台中・台南の3県と、県の下にあった弁務署を廃止し、更に20庁を置いた。弁務署、県庁、総督府という階段になっていたものを一階級抜いて、庁から直ぐに総督府に直轄するという「二階級の地方制度」に変革した。行政費としての予算は30万円ばかりの減額となった。

産業振興・製糖業

・資本金100万円の製糖会社が設立された。政府も金銭面で支援している。

台湾のサトウキビは、苗の質や肥料のやり方や搾り方などを改良すれば、10倍の売り上げが期待できる。35年度は「糖業改良奨励費」を予算組みしている。

【土匪《哼嗶》対策】

台湾のパノラマをここへ写出《うつしだ》すのは随分困難に感じまするが、しかしながら折角《せっかく》のお望みでありますから大体述べますでございます。

台湾の統治上、一つの大いなる障害は「土匪の存在」でした。占領以来、明治28、29、30、31、32、33年まで、行政官・軍隊の力の大部分は土匪の始末に使っていたという情況でございました。31年に私は赴任いたしましたが、その当時は現在台北城内に私が住まっていた官舎で、なお時々小銃の声を聞くというような有様《ありさま》でございました。台北を離れる度合いに従って、その有様は益々激しくなるというありさまでございました。それ故に、他の徴税のこと、物産の発達のこと、教育のこと、共に唯々《ただただ》形なりのものが土地の上に現れておったということに過ぎなかったように感じます。

然《しか》るに、この31年の暮れより32年、33年としての間に、主としてこの土匪の始末をつけました。その間には種々な手段を取り、あるいは帰順というような変てこな手段も取り、また、「匪徒刑罰令」というような厳酷な法律をもって土匪の根源を絶つという一つの手段も取り、専《もっぱ》ら土匪の始末という方面に向かって力を尽くした結果、32年の暮れから33年の始め頃に至ってようやく北部の土匪だけは大略片付きました。

これが片付くと同時に、前に申し上げましたる徴税のこと、物産を起こす等のことに向かって直ちに手をつけました。それがどう移り変わるかと申しますと、この徴税のことにしましても、この警察というものが一方徴税の手助けをせねば、まだ台湾の徴税ということは難しいゆえに、警察が土匪の方に頭を使っている時期は他のことに手を出すことができなかった、すなわち土匪の方に手を尽くすことが減ずるに従って、警察の手が徴税の手助けをする、そのほか普通行政上に向かって大いに力を伸ばすことが出来てきました。従って、この土匪の跋扈《ばっこ》しております時期は、殖産上のことについて人民に色々な望みを申し聞かせましても、なかなかその望み通りに、従事する人民達においても余地がない。土匪が追々《おいおい》少なくなるに従って、自然にこの殖産上にことにも手がついてくる。又、一般の教育上のことについても、即ち語学校なるものを各地に置いて、日本語を皆入《い》れなくちゃならぬということの制度を立て、土匪のいる間はご承知の通り日本の教師もそこに這入《はい》ることも出来ず、これが少なくなるに従って、そんなことにも手を着けることが出来てきたというような有様である。

それで、只今その有様で進んできました北部は……すなわち北部と申しますと、台中を中心として北をいう、北部はまず偶《たま》さかに強盗のようなものが出ます。けれども殆《ほとん》ど土匪というて名指すべきは無いという情況になってきて、従って総《すべ》ての行政もまず行き渡って参ったといって宜《よろ》しいと考える。

ただ、南部にいたりますと、南部もこれは三つに区分してお話をするがよかろうと思います。台中から嘉義《かぎ》、嘉義から台南、嘉義、台南、鳳山《ほうざん》。鳳山までは宜《よろ》しゅうございます。また、鳳山の先、淡水渓という河がございます。その向こうの一部とこういうお話をするがよかろうと思います。

南部においては、台南を中心として台南付近は比較的土匪の少ない所であります。ただ、鳳山から山手に入りまして、一群の土匪が今もってまだ全く無くなったとはいきませぬ。それから、嘉義界隈《かいわい》すなわち蕃薯寮、蕃仔山、これは酷《ひど》い。新高山《にいたかやま》のふもとまで、この一方にまだ土匪がおります。それから、鳳山からもう一つ南に至って淡水渓、淡水渓の向こう側はほとんど廣東部落であります。廣東部落は33年に潮州庄という所で一遍、いわゆる廣東部落の中の潮州庄で一遍、土匪が起こったことがございます。それは少し他の土匪と違いまして、ある当局者、即《すなわ》ちこの弁務署長と土地の人民との意思の疎通を欠いたために、そこの弁務署を襲ったということになりましたために、これは直ちによく説諭をして聞かせましたが、それは「誠に悪うございました。決して将来はそういうことは致しませぬ」ということで、この廣東部落はそれ以来誠に静粛でございました。それから、廣東部落の淡水渓を少し遡《さかのぼ》って尾濃、それから蕃薯寮から生蕃境に至った所に、まだ一群の土匪がございます。それで、只今、土匪として荒びておりますが、嘉義の方面の一つと、それから鳳山の山の奥と、それから今の蕃薯寮の山の奥、この3箇所にまだ居ります。（中略）

そういう全体の情況でありまして、従って総ての制度の行きわたることが、台中から北は十分に総ての政令が行き届いて行くけれどもが、南部の今の土匪が構えているという所は、まだ台北界隈《かいわい》の如きには参りませぬ。而《しか》してこの司法処分に付した土匪《どひ》は即ち「匪徒刑罰令」によって皆死刑に処せられたのでありますが、その数が一昨年は8百幾《いく》ら、昨年は1千2百幾らということで、それはどういうふうに其《そ》の事情が別れているかというと、一昨年は台北界隈が多い。これは皆土匪で、それが穏やかになったから警察力が十分に行く、従って捕縛の数が多くなった、土匪をあげることが十分に出来た。ところが昨年に至ったらどうかというと、台北はその中で2百幾人しかない、後《あと》の8百近いものというものは皆南部であって、嘉義、台南、鳳山の法院で執行したものが大部分を占めている。それで、そうなるというと、やはり南部の方も平常起こっている所の土匪が少なくなった為《ため》に警察の手が踏み込んで土匪を捜索するということができる。従って、捕縛するということが沢山《たくさん》出来た結果が、今ちょっと一目《いちもく》してどういう情況であるということを現《あらわ》し出すには、南部の方の土匪が昨年の死刑の総体の数には非常な多数を占めておったということを見て、警察が能《よ》く行き届くようになったということがお分《わか》りになるだろうと考えます。

【経済政策】

それから同時にこの台湾の経済上の一般の情況をお話いたしたいと思います。これは、追々《おいおい》この歳入予算の数字の上でお話しを申さば宜《よろ》しうございますが、概略を申しますれば、先ずこの32年においで計画致《いた》しましたる「20年計画」と申しまするものはご覧になって居ると考えますが、これは狂いを生じませぬのみならず幾分か「20年計画」の歳入よりは余計になっております。これは一方には徴税の仕事が楽になりまして、滞納者が少なくなったということもございましょうが、大部分は総ての事業の発達ということが主なるものでございましょうと考えます。

それは民業としてはあまり見るべきものもございませぬが、官業として阿片《あへん》の専売、樟脳《しょうのう》の専売、藍《あい》の専売、これらが多少増減はありますけれどもが、要するに「20年計画」の予算よりは総て歳入が超過をして来ておりまするような情況。

それで、阿片も一時は阿片の売高が減じまして収入が減りましたが、これは色々の原因のあったことのように思われまする。第一の原因は密輸入が一時あった。然《しか》るに一廉《いっかど》において大なる密輸入のあることを発見して以来は、余《よ》ほどまた売高が増して来た。一つには、又、阿片の値上をしたという結果、売れなかったということもあります。又、一方には、幾分かづつ阿片を用いる者が減じて来るという現象もある。

それから、樟脳もこれは大分《だいぶ》歳入に差響を持ったのでありますが、これは台湾に専売を置きました。以来、専売以前と比べまするると、香港相場が大概百斤《きん》40円くらいから50円くらいで香港相場が立ち居りましたのが、台湾で専売にしました。以来、一番高いのが95円、一等樟脳というものは95円、これが非常なあがきになって参りました。而してこの専売が即ち台湾だけの専売でございまして、それで香港の相場というものは、まるきり崩れてしまって、台湾の樟脳はロンドンで立つということに変化して来ました。それで愉快な有様で行っておりましたところが、この内地の樟脳が大分出始めました。既に150万斥以上も内地から樟脳が出ました。それが為に、内地のは60円、70円くらいで百斤を売出した。内地のもやはり香港相場の40円くらいであった。40円くらいであったところが、台湾のが高くなったものであるから、そこへ持って行って内地のを売出し始めた。これを台湾相場より幾らか安くして売始めたものであるから、その方の買手が付いて台湾の樟脳は値下げということになった。故《ゆえ》に已むを得ず、台湾樟脳をそのまま握って居るわけには行きませぬから、95円のを85円に下げる、85円のを75円に下げるということで、唯今《ただいま》では少し損失を見て居るようであります。これは、どうしても内地の樟脳も即ち一つの日本国中でございまするし、又内地もそれだけの利益が得られるものでありますから、内地樟脳の販売の取締を付けませぬと、ちょっとこの恢復《かいふく》は難しいと考えますが、どうか幸に今度は内地もやはり専売を施行する議案が衆議院に提出になって居りますから、これも遠からず恢復することと考えます。

続いて食塩の専売。これは、最初より食塩専売ということは余り利益を見ようとは思わなかったのであります。ただこの台湾の塩と申しますものは、支那時代には専売であった。政府の業であって、政府が人民に請負わせて、塩官を各地に置いてその所で小売をさせて居った。ところが台湾占領の当時に、塩の税を課するということは宜しくないということで、この専売を免じて自由製造にしました。ところが、何《いず》れもこの塩田に従事して居ります者は極《ご》く細民であります。実際塩を製造する者は細民である。ところが、支那政府の専売の時分は、この塩田には金を幾ら貸付ける、貸付けるに付いてはなんぼ塩が出来たら納めて来いという、斯《こ》ういうものである、即ち百円の價《あたい》のあるものは50円金を貸付けて置いてそれから50円の價を先ず塩で納めさせて、後の50円の價のあるものをやはり金で買ってやる。それだから、細民は一年に2度にも3度にも金を貰い居った。ところが、自由製造になりましたれば、製造は自由になりましたけれども、金を貸して呉れ手がない。それであるから、塩の出来るのが即ち夏から秋の節ですな。塩の出来る時分には、塩を売って細民が凌《しの》いで行けるが、塩の出来ぬ節になって来たときには、細民は食うことが出来ぬから塩業を棄《す》て畠《はたけ》を作る。それで、台湾の塩業というものは将《まさ》に廃《すた》らむとする勢いになって、そうして台湾の塩はどうかといえば、対岸から輸入して来なければならぬ、輸入塩を買うて食わなければならぬ、という都合であります。而して、塩というものはどうかというと、謂《い》わゆる天日製であるから実に安く出来るけれどもが、今の塩を作る小作人に金を貸す者が無い為に、台湾の塩業は既に廃《すた》らむとする勢いになって来た。これは、寧《むし》ろ支那の旧政府に倣《なら》って専売にする方が宜しい、一方には細民を業に就《つ》けてやる、併《あわ》せて安い塩を台湾の人民に食わせてやるということにしなければならぬ、のみならず台湾の塩は産地として有望な所であるから産額に対してこれだけの収入を得なくてはならぬという目的で、これを専売した。

ところが、専売という声はえらく人民の頭に何かえらい辛《つら》い租税でも課せられるかというように聞こえたらしく、一時は随分喧《やかま》しかったけれども、今日は能《よ》くその意味が分かりました。又、台湾全島、塩の價《あたい》が凡《およ》そ平均したという有様でありまます。都合よく進まして行くこの塩の専売から大体収入を得ようというのにあらずして、これから塩の製造業を盛んにしようという方が目的でございます。製造業が盛んになってくれば、これによって得るところの利益は、即ち当初目的した利益で、今ある塩を以て専売をして、それで利益を得ようという考えで最初より無かった。これを以て、やはり専売と同時に計画をした収入はかなり取れて行きますようです。しかれども、そういう有様になって、塩の製造高は年々増します。既に昨年と今年と比べまするとと殆《ほとん》ど石数《こくすう》に言ったら20万石も年々増して来る。年々増して来るが、これは台湾の需要には余る。これを内地へ持って来まするると、台湾の塩は少し内地の総ての嗜好《しこう》に適しないので、この販路には頗《すこぶ》る苦しんで居ります。加うるに、やはり内地へは支那から無税の塩がドンドン這入って来る有様でありまするし、どうしても一歩進んで食塩を精製することにまでも行って、遂に外国から這入って来る食塩即ち山塩の食塩に打勝つ為にこれと競争をすることにせねばなるまいと思いまするが、まだそれまでには是《これ》は進まない。こういう情況であります。

【鉄道事業】

それから、一般の事業としましては、主としては鉄道。鉄道は悲し悲し（速記録にはこう書かれているが「大変な苦労をしながら」の意であろうか？）に延して居ります。遂に既定の年割額を、昨年は今の事業中止で幾分か削られた為に延びて居るが、全く使って居ります。それと比較して、比較的に能く進んで行くと思います。今日までの有様で、丁度打狗《だぐ》から新営庄《しんえい》まで42哩《マイル》、これは全く事業公債の可決の後にした。それからその時分既にあった基隆《きーるん》より新竹に至る線、これが第一の淡水河の河橋が30年の洪水で橋が落ちまして、これが中絶して居ります。それから、新車から新竹の間が鳳山渓、紅毛渓、これらの重もなる橋梁が31年の8月の降雨に落されました。これが無くなって居ります。北の方に向いては、これらを主として、いわゆる復旧の仕事をし、併せてこれまでの線路の不完全にあった所をすることに着手しまして、既に淡水渓の淡水河の架橋は全く架け終わって、新車までは線路も改良をして、基隆から新車までは馬で船に乗らずに機関車が運転します。それから、この15日には新車・新竹間の紅毛田渓と申す所まで鉄道が延びて、そこまで機関車が行くと、斯《こ》ういうことになります。それから、土工は新竹より苗栗方面に向って中港という所まで進まれて居ります。ところが、34年にもう殆ど金は使い切りまして、今は僅《わず》かな工事をして居る、ちょっと工事を休んで居るというような形になって居る。

【港湾整備】

それでその他、軍港がもう一つございます。これは基隆の築港でございますが、これが即ち32年のやはり公債支弁の仕事となって居ります。これが32年に提出しましたのが、総額が1千万円かかる筈《はず》であったのを、先ずそう急には要らぬ、政府の国庫の都合もあるから、先ず港内を浚《さら》えるという目的を以て2百万円程をこれに充て置こうというので、2百万円が即ち35年までの継続になって居ります。それで、35年度に於いてはその継続費の中に漸《よう》く35年度に残って居りましたのが5万円残って居ります。ところが、これは謂《い》わゆるその当時の1千万円の仕事に対して準備仕事として、或《ある》いは浚渫船《しゅんせつせん》を買い、或いは測量をして、或いは港を造るに付いて凡《およ》その船の修覆《しゅうふく》をしなければならぬとか、或いはコンクリートを拵《こしら》える準備をしなければならぬという、殆ど準備事業に止って居るので、然るに泥浚船を丁度2隻注文しまして昨年の4、5月頃には到着して内港の泥溝は掘れる積りでございました。然るに不幸にして、この2隻とも英国を離れてまだ地中海に這入らぬ先に2隻とも沈没しました。故に已むことを得ず更に又2隻を注文して、先ずこれは保険が付いて居りますもので損は致しませぬが、とにかく船という実体を失って仕舞った。それで、又更に去年の沈没後に打立って2隻の浚渫船を拵《こしら》え、漸《よう》く昨年の10月と11月の間に2隻とも基隆港に安着しました。この頃ようやく運転をしつつある、運転を漸《よう》く始めたというくらいのことであります。然るに運転を始めまする直き、「暫《しばら》くの間この船に対しては金を払わなくても宜《よろし》いことになりました」のでございますから、それに依って又小さい泥浚船を拵《こしら》え、或いは今のコンクリートを拵えるとか、それから船の修覆場を拵えるとかいうような方《ほう》の、船の為に急に払わねばならぬ金をその方に持ってきて払い、それから無論、船の代価を払って仕舞って35年度に至ったら僅かに5万円しか残らぬという情況であります。

このあとの基隆の築港の始末は今年の追加予算として更に請求いたします積りでございますが、最初に1千万円で突堤《とってい》、防波堤から陸上設備までも出来る積りでありましたが、段々その道の人の鑑定を請うし調査に調査を重ねますると、何分《なにぶん》基隆の海は余程荒い海で、これは十分なことをせんならぬ。即ち私共も、小樽の築港もそれが為に見に行きまして、小樽の情況も見ました。あすこに従事して居られる技師にも基隆の鑑定を請いましたが、なかなか小樽の比較にはならない、こういうことである。小樽の築港を見ましても、我々は驚いたのでありますが、あれの比較にもならないと言われますから見ますると、よほど困難な仕事と見えます。それで此度《こたび》更に請求します金額は、基隆の築港が1千3百70万円ほどの金額に上りました。然れども台湾はご承知の通り外に港というものは一つも無い、港の形をなして居る唯一のものでありますから、これは一つ金を吝《おし》まずにやらなければならぬと思います。何れこれは他日追加予算として出ますする筈でございます。（略）

【教育政策】

それから教育ということ。この学校も、つまり台湾の国語学校というのがございまして、その下に師範学校、その下に……その下ではない詰《つ》まり学校の等級から見れば下だ。それから公学校、それから書房、医学校などがございまするが、一体にものを教わるということは、あすこの人間は極《ご》く好きで教わる、それで公学校の成績も可なり好いように思います。

公学校と申しますと、内地でいえば小学校でございますが、小学校と少し違うのは、やはり其処《そこ》で台湾の文字も教える、台湾といっても漢字ですが、これも教える。併せて、日本の言葉は固《もと》より教え、日本の文字も教える。又それぎりでなくて、幾分か台湾の事も教える、いわゆる読書人なる者が、あすこの教師にもなって居る。日本人と混合して一緒にやって居る。これは存外好い結果を見るであろうと思う。これは、言葉とそれから文字を読み得ること、書き得ることが主となって居る。

それから、師範学校は、即ちこの国語学校の教師となるべき者を作る目的で、台北・台中・台南と3箇所《かしょ》に置きましたが、しかしこれは余り大き過ぎると思いましたから、1箇所にまとめました。それで、是《これ》も相応の望み手……学生は居りますのでございますが、とにかく日本語の師範の出来るようにしようと申すには、どうしても5年ぐらい掛らなければならぬ。それで、あの所の人が5年の学科を修めるという事柄は、今ある学生の百人なり2百人の中で幾人留まるであろうかということは、今より懸念して居る、余り長く引留めて置いてするということは、それだけの気魄《きはく》が無いかと思うようでございます。

それから、国語学校の方は、一つは小さな役人になる、一つはやはり師範学校と同様、諸方の学校の教師になる、それから昨年より実業科を加えました。農業、それから電信の機械学。電信を主としてやります。

それから医学。その中で、今誠に都合好く進んで行きますのは、医学校です。医者の生徒は、今でも大概2百人がたしか極まりじゃったと思います。能く覚えませぬが、2百人ぐらい始終居ります。これは、5年で卒業させます。それから第一回の卒業は、今年出ます積りです。これが40人ばかり居ります。これは、中々能く出来ます様に思います。

それと、この機械学農学校の方は、実は何かまだ不十分であります。実験と言いますか、苗畑というものに付いて、整わぬ所がある様に思われます。それで、電信の技術を覚えるということは、誠に悦《よろこ》んで居るようで、それでまあ主として、言葉と文字を読得ることと、文字を解すること、書得ること、それ等を主として、その外に今の実業を進めて行く。

それから、内地人の為には、殆ど内地の中学に等しきものが小学校の中に設けてあり、それから、内地と同じ師範学校のようなものが小学校の中にある。ところが、内地のは甚《はなは》だ結果が面白くない。と、言うのは生徒が終始変る。移って来ると子供を連れて来る。そうして何かの都合で帰ると子供を引連れて立つ。来た子供は年齢も揃わず、又随分これまで無教育の人が這入って来るから、大きな年齢の者にまだ学級が低いということがございまするが、これはどうも仕方がございませぬ。年齢と学級は釣合わぬでも、とにかく一時でも遊ばせずに置くという方針を取って居るので、頗《すこぶ》る変則なことになって居る。

その他に女学校もございまするが、これは唯手芸を教え言葉を教えるという位《ぐらい》のことで、余り国家が益するということにはないように考えます。

【土地調査】

それからもう一つ、事業としてお話を落としましたのは土地丈量《じょうりょう》。この土地丈量は、誠に都合好く今日まで人民に於て少しも苦痛なく進んで居ります。然るに、初めは唯《ただ》、地券の台帳みたようなものを揃えるという積りで掛かりましたが、段々やって見まするると、どうも根拠のないことをこれだけの金を掛けて置くのは、どうも将来に損であるというよりして、更に陸軍に頼みまして、三角だけを入れることにしました。それで、今は三角測量と土地丈量と両方やって居ります。それで、既に土地丈量の済んだ所は、更にこれを三角へ入れて少々の誤差を直すというより外、仕方がございませぬが、まだ済まぬ所へはなるべく速に三角を引きまして、それでその三角を基準にして土地丈量を致します。故に、この土地丈量によって出て来る図も、或る場合には立派な地形図としても用いられるという都合でございます。

また、土地丈量は元が即ち畑、田地、宅地などを重もに見出すのが目的で、ところで、その面積を最初に着手する時に当って調べましたのは、劉銘伝時代に土地丈量をやりました書類がございます。即ち台帳がある。それを基礎として、それより以来に幾分か殖《ふ》えて居るだろう。又、劉銘伝のやった測量も余り正確なものではないから、今度用いる機械でやったならば機械の誤差よりしても幾分かの増は出るであろうというよりして、凡そ2割位の増の積りで……台湾の今調べて居る甲数に2割ぐらいの増の積りで予算を立てまして、最初この土地丈量を悉《ことごと》く皆仕舞いますのは、300万円で仕舞い上げるという積りでございました。これは、現在の土地に付いて凡《およ》そ1割5分から2割も増すであろうというので、この300万円を以て掛かった所が、図らざりき1割5分、2割という見込みが余り少な過ぎました。殆ど今日では2割に加えて6割、基礎からいうと8割も殖えたというような実況を呈して居る。随《したが》ってこの全島を300万円で為し上げようということがとうとう違算を生じて、300万円では出来ぬ。それ故に、これにもう240万円金を増さなくてはこれが完成しないという場合に立至りました。が、これは即ちそれだけ台湾の田地なり畑なり即ち甲数が増して来た勘定で、それで詰まり最初300万円で目論《もくろみ》見ました時の割増の見方が少な過ぎた。実際はその増して見たよりも尚

6割も殖えた。基礎よりは8割も殖えて来た。こういうようなことになって、茲《ここ》に240万円というものの増加を出さなければならぬ。

而してこの土地丈量は37年で完成します積りで……完成期限はやはり37年で完成をさす積りで、唯、広くなった為に、年は縮めずに人を沢山使って完成させる。これは、37年ということには少し意味のある37年で、37年に至ったならば……、今は調査中でありまするから、元の甲数から租税が納まって居る、37年に完成をしたら今度改った甲数で租税を課して行くということになりまするど、租税も大分増す見込でございます。加うるに、この37年以後は大租権の始末を付けてやりたいと思う。目的が37年にあるのです。是非37年に土地調査を終って仕舞いたいという希望を持って居るのであります。

【行政改革】

それから、前刻来、段々申し上げました如く、平穏になるに従って、又一方には種々な新しい仕事が起って来るし、且《かつ》総ての社会の有様が規則立てらるに随《したが》って、随分規則類その他にも、即ち普通行政事務が頻繁《ひんぱん》になった。斯《こ》ういう有様になりましたに付いては、一方には歳入は幾分ずつか増して参りますけれども、一方には又仕事の発達に随って行政費の増すという傾きを持ちました為に、どうぞ茲《ここ》では一つ為し得るだけの行政費を減じて、そうして殖産上に重もなる力を用いたいという一の希望を、昨年来有して居りまして、種々調査しました結果、昨年の10月に於きましてこれまでの台北・台中・台南の3県を廃しまして、それから県の下にあった弁務署も皆廃しまして、更に20の庁を置きました。これが県の小さいもの、弁務署の大きいもの、という一の行政庁を作りまして、これまで弁務署、県庁、総督府という階段になって居りましたものを一階級抜いて、庁から直ぐに総督府に直轄するという一階級を抜いた「二階級の地方制度」に変革しました。

これは、行政費としては平年の予算は30万円ばかりの減額でございますが、それに従って一般の機関が遅うなりまして、御承知の通り台湾は一つの官庁が出来るとそこへ勤務しまする役人の官宅は皆備えてあります。これらは経常の歳出ではございませぬ、臨時歳出で、それは官舎も予定しました所では8百万両、1千万両（速記録には旧字体の「兩」が書かれているが、やはり金額の単位の意味なのだろうか?）近い官舎を拵《こしら》えなければならぬ。それ等に向っては幾分か人を減じて仕事も少しでも簡古にしてやる考えで、これだけの改革を行いました。従いまして、役人も或は郵便局でござれ、又は学校等の如きものも、従ってこれは県の廃止に伴う訳ではございませぬが、成るべりく行政費を減ずるというよりして、痛くこれも改革を加えました。

【産業振興】

それから、民間の事業と致しましては今日まで甚《はなは》だ薄弱でございまして殆ど見るに足るべきものはございませぬ。少しも起りませぬ。それでありますが、唯、土人即ち台湾人の仕事として都合好く進んで行くものは塩の専売を行って居る。是は純粋の台湾人だけでやって居りますが、これは総ての諸規則なり会計の出納《すいとう》に至るまで日本の御規則通りに行うて居るものは殆ど塩を扱って居る即ち合資会社が一つでございます。これは、会社の定款より会計の出納に至るまで台湾人が皆やって居るに拘《かかわ》らず、規則正しくいって居ります。

その外に民間の事業としまして、製糖会社が漸《ようや》くにして起りました。この台湾の製糖業の有望なことは、これは諸君も御承知の通りでございますが、ようやく百万円の製糖会社である。これは、漸く昨年の12月の末に試み運転を致しまして、この1月より起業……機械を働かして居ります。砂糖の買上げ、機械の工合なども至極宜《しごくよろし》いという報告を得て居ります。これに対して総督府は、資本に対して6分、即ち製造場の機械を建築しましたり、機械などを固定させました。資本は50万円に対して6分、即ち年々3万円の補助をして居ります。それでこれは5箇年間の期限で年々やって居ります。

その外に民間の事業としましては、瑞風という所で藤田伝三郎、田中正平のやって居る金山《きんざん》がございます。これは将来頗《すこぶ》る有望なものと考えます。これらは一昨年80貫も金を出しました。それから昨年は多分120貫ぐらい出したろうと考えます。それでこの田中の方は金を取ることに汲々《きゅうきゅう》として居る。藤田の方はまだ試み取りで、唯穴を掘って行って已むことを得ず採らねばならぬ金だけを採って居ります。又一般の鉱石を採掘するに至って居りませぬ。何れとも将来有望なものであります。

その他に少々ずつのものもございますけれども、ここでパノラマとして大きい御話をすることもございませぬ。

終りにこれはご報告旁《かたがた》申し上げて置きますが、この台湾神社の工事です。これは30万円の継続費になって居りますが、昨年落成を致しました、昨年の10月に祭典も済みました。これは即ち全く両院議員の大なる御力でありますから落成しましたというご報告を致します。

概略それだけであります。

質問　糖業改良の話は……

答弁　国務大臣（男爵　児玉源太郎君）

それなら続いてもう一つ御話を申し上げますが、この台湾の砂糖の有望なることは先刻御話を申しましてございますが、この砂糖は従来は苗も悪し、肥料は用いない、加うるに搾《しぼ》り方が悪いとかいうので非常な損をして居る。これまで重に台湾から出る砂糖は値にして僅かに3百万円ぐらいしか出ませぬ。然るに当局者が調べて見まする所に依りますれば、これは苗を改良して搾《しぼ》り方を機械搾りにして行ったならば殆ど2千5百万円、3千万ぐらいな金目の砂糖が出るだろうが、今では殆ど10分の1にかなって居らぬ。これは、苗が悪いこと、肥料が悪いこと、搾り方が悪いこと、これらの欠点のために10分の1しか取れない。これを改良したならば唯今のような大きな物産になるのである。

付きましては、農業としましては専《もっぱ》ら今砂糖の改良に力を尽くして居ります。実に、ハワイ、豪州の方に人を派出して居ります。実に繰り返し、ジャワ、ハワイ、オーストラリアの方に人を派出して居ります。派出して、その作り方或いはそれに用いる機械等を、調査しつつあるのであります。

これは、既に昨今その調査は全く終りまして、35年度の予算には幾分か「糖業改良奨励費」というものの金で余り大きな金ではございませぬが、14万ばかりの金が提出してある。これは、全く即ち「改良の方法を人民に教えてやる」ということでございます。これに依って、どうぞ人民を誘いて苗を改正し、肥料を直し、機械を改良することの誘導をしようという手段として、玆《ここ》に少しばかりの金が提出してあります。これで進んで余裕のある毎《ごと》にどうぞこの製糖には全力を尽くして改良を試みたいと思って居ります。目下、今回派出しました者が帰って来ますれば、調査ということは全く終る積りであります。

是《これ》よりは、実行ということになる積りでありまず。この実行ということに付きましては、これに下しまず資本というものを考えなくちゃあならぬ。この資本には頗《すこぶ》る苦しむ。又、内国の情況で、ちょっと彼所《あそこ》に資本を下すということは難しうございますが、要するに、ちょっと5千万円ほどの資本が要ります。これは、概略の算盤《そろばん》で、ちょっと今百万円の会社が一つ出来ました。これ等の会社が、丁度今在る事業の全部に向って50造って宜いと、斯《こ》う云《い》う50造るだけの畑が……土地に力はある。人もある。唯金さえあれば出来る。こういうのであるのです。そうすると、丁度百万円が50、そうすると5千万円、5千万円の資本を下し、而して年々2千5百万円、3千万円だけの金が要る、斯う云うまあざっとした、私が余り詳しく算《そろ》盤《ばん》の御話をしますと却《かえ》って間違いますが、大体そういう算盤が持て、居りますようであります。これは台湾の……、殆どこの事の成ると成らざるとは台湾の死活問題でございますから、十分に力を尽くしてこれを発達させるという積りでありまず。

その他或は農産の上に於きまして種々の望《のぞみ》がございます。茶もこれは何とかしませんじゃ年々衰退を来す有様で、これも今種々の方法を以て調査を致して居ります。煙草のこともあります。それから、藍《あい》なども随分望がございます。それから、紙。この日本紙・西洋紙共に、この紙の原料は殆ど調査に依りますと転げて居るという様な有様であるようであります。これらも追々起って来る仕事であろうと思います。今砂糖の御話に付きまして一通りこれから殖産上の発達の望がございますというだけ申し上げて置きます。

質問　永くの話で大層詳しくわかりました。唯今の御話で鉱業殖産上の望がある様でありますが、内地人で彼方へ移植して参る有様はどんな有様でありますか。先刻の御話によると内地人として彼方に事業を経営して居るのは砂糖会社とそれからして鉱山のように承《うけたまわ》って居りますが、そういう有望の所であれば続々移住して事業を起される者がありそうに察せられますが、まだそんな情況は無いのですか。又その移住者は年々盛んに殖《ふ》えて行くような有様でありますか。また移住者はどんな事をして居りますか。それ等のことに付いてもう一応伺いとうございます。

答弁　国務大臣（男爵　児玉源太郎君）

内地から移住して仕事でも起すという事柄は誠に憐《あわ》れの有様と申すより外言葉は無いと思いますが、重もに移住して来る人は金を持って来るので無いのでございます。手振りで来て台湾で幾分か金を拵《こしら》えるという考えのようでございます。とてもその手振りで来て台湾で金を取ろうということは、今台湾人と対抗しなければならぬ。これは、その労力忍耐の程度おいて迚《とて》も及ばぬことと考えます。どうしても内地から来て仕事をしようと思えば、金を持って台湾の土人を使ってやるということにならぬと、金儲けにはならぬと思います。今往《い》ったり来たり……今の情況は往《い》ったり来たり往《い》ったり来たりするので、今は兵隊、役人を除けまして4万人ばかりでございます。それでもう一向此《ここ》2、3年増減があります。増す時があり減る時がある、一向殖えないのであります。それと申しますものは、重もにまあその内地から移って来るのは「共食い」ですな。内地人の為に来るのである。4万人の人が互いに共食いをして居る。先ず重もなる「共食い」は、料理屋、芸妓屋、女郎、それから土方、それからまあ後は雑貨、それから内地の商売品で今著しく這入って居るのは綿布です。綿布とビール、煙草、内地品として金に這入って土人の使う物がそれくらいのもの。その他にまあ雑貨としては蝙蝠傘《こうもりがさ》。それからこの頃では下駄《げた》が流行《はや》って、その他は皆、内地人が贅沢《ぜいたく》をするので、即ち料理屋、芸妓屋は内地人の贅沢品《ぜいたくひん》である。或《あるい》は反物《たんもの》なども行っておるけれどもが、内地人の着物で、やはり土人の着物というものは今言う綿布ですな、この紀州フランネル、金巾《かなきん》それと今のビール、煙草というような物がまあ主として這入って居る様な有様であります。それで誠に可哀そうな有様で、どうもその個人なり会社なりで金を持って仕事をしようという人は無いのです。

（略）

質問　何か原因の御推察になりましたことがありますか。

答弁　国務大臣（男爵　児玉源太郎君）
詰まり、金です。

質問　金ですか、その他の原因は……

答弁　国務大臣（男爵　児玉源太郎君）
随分金さえ出して仕事をすれば、仕事をする区域は随分あろうと思います。その代り余程能く考えて、土人の折合加減を余程能く考えてやらぬと、悪くすると土人との関係の為に損をするということがあります。又、土人も内地人との関係の為に内地人から或は色々な仕事を始めて、やれ新聞を始めるとかいうことで内地人より損毛を受けたことが、中々容易ならぬ金高だろうと思います。土人も今日では容易には手は出しますまいが、しかしながら、確実に金を出して実際仕事をすると言えば、随分仕事はあることだろうと思います。

質問　ちょっとそこで……内地人と土人との調和の有様はどんな関係でありますか。

答弁　国務大臣（男爵　児玉源太郎君）

これはまあ今日まで結果は余り宜しくございませぬ。というものは種々のもので又失敗して居る。或は「台阪行司」で、大なる林紹堂が失敗して居る。あれは28、9年頃、大阪の藤田と住友と、台中の林紹堂との間で、台湾の「台」という字と大阪の「阪」の字……「台阪行司」という会社が出来ましたが、是も失敗に終った。

その他、何とか言う一つの蒸気船の会社が出来ましたが、是は土人と日本人とで、その人は故人になられましたが、その人と組んで「ドグラスの会社」を打倒《うちたお》そうという勢いで掛かりました。所が、全く失敗に帰しました。その他、茶商協会。茶商の茶を輸出する、横浜の大谷嘉平衛がやってござるようなあ云《い》うものも出来ましたが、これも甚だ振《ふる》わず、それも潰《つぶ》れて仕舞った。その他、個人としては、余り名を言うのも面白くございませぬが、段々某々《だれそれ》と土人の某々と組んでやられましたが、殆ど失敗に帰しました。それは私が台湾人を贔屓《ひいき》するのではありませぬが、多くは台湾人が迷惑を蒙《こうむ》って居ると、私は言っても憚《はばか》らぬと思う。誠にその結果は面白くない。それで畢竟《ひっきょう》何れも皆な金が不十分である為にそういうことになるように考えられます。

質問　もう一つ伺いますが、衛生上のことでありますが、昨年も承《うけたまわ》りましたが、内地で病気になった数よりは数十層倍も多いということですが、よっぽど気候などが適せぬ為に、衛生の健康を保つことが出来ぬということで、良い資本を持ったり、正しい人が衛生の為に一向恐れて行かぬという次第はありませぬか。

答弁　国務大臣（男爵　児玉源太郎君）
それは衛生よりは寧《むし》ろ土匪《どひ》とか生蕃《せいばん》とかいうものを見ずに恐れる。どうも台湾は怖いということの為に幾分かございましょうが、その衛生上のマラリヤというものよりは土匪を恐れる、その恐れさ加減を比べ合わせますと、まだ土匪を恐れます。
まだ衛生上もなかなか急に良くなったという訳には参りませぬが、しかし自分で用心さえすればそう煩《わずら》うものでない、我々は一遍もマラリヤに罹《かか》りませぬ。又、軍隊の衛生は普通公衆の衛生とは少しく趣《おもむき》を異《こと》にします。軍隊は、そう自《みずか》ら好んで良い所に住む訳には行きませぬ。又、少し資本でもある人なら家の造り方に気を付けて住まいさえすれば、そう恐れるべきものではないのでありま す。が寧ろ、今のところは土匪とか生蕃とかいうものを恐れて、資本を下そうという者が幾分か躊躇《ちゅうちょ》をしはせないかと思う、其他の感じが深い。

（質問、答弁　中略）

質問　従来余ほど金持が居ると言いますが、どんなもので、そう金持になるのですか。

答弁　国務大臣（男爵　児玉源太郎君）
金は、重に地面であります。それと商売人も居りますが、商売人としては百万円以上持って居る者は余り無い。百万円以上持って居るのは、多くの地面或は家作というようなものであります。謂わゆる林本源などは、これも年に70万円の収入があると言いますが、これは皆な多く地面、それから家作であります。

質問　先刻の御話に「耕地の奨励をする」というのは、これは皆謂わゆる民地でございましょう。

答弁　国務大臣（男爵　児玉源太郎君）

台湾にはまだ所有権は認めておりませぬ。「業主権」と申して居ります。どうしてもゆくゆくは認めなければならないが、これは支那の慣習で「業主権」ということになって居ります。これは取りも直さず所有権みたいなものであります。

質問　段々御話で誠に能《よ》う分かりましたが、それでもう決を採られることを希望しますが、それに先って一言伺って置きます。第9款を衆議院ではこれだけ削除したが、総督府ではこれで差し支えないのでありますか。

答弁　国務大臣（男爵　児玉源太郎君）

87万円の脊中で2割、即ち16万円を減らされましたのでありますから、困るということは当然でありますが、唯今この航路補助に就いては、陸軍と深き関係を有って居ります。「陸軍の保護してやります会社はその船籍2分の1は無代で使う」こういうことになって居ります。

それ故に、その方とも唯今交渉中であるが、全体この航路の計画はこういう積りでございました。一面には、一つ対岸厦門を中心としてあの沿岸の航路、日本と台湾と結びつける為に、日本の日の丸の下に皆これを取って仕舞う、こういう望を持って居りました。

それと、障害物は何かというと、トグラス汽船会社であります。これは、淡水、厦門、汕頭、香港、安平の線路を占領して、これを第一に駆逐しなければならないので、全力を注いでその駆逐に掛った。漸《ようや》く、その駆逐の効を殆ど奏して居る。今は、淡水、厦門、汕頭、香港線、それから安平、厦門、汕頭、香港線、それから香港、淡水、福州、厦門線、それから福州と三砂という茶の出る所で、それだけを今総督府で保護してやらして居る。ところが、まだその厦門界隈《かいわい》の幹は取れたけれども、この幹を営養して居る、小いものが取れない。香港、汕頭、厦門、福州、上海という大きな航路は、やはり外国人がやって居る。この営養線を取って仕舞わなければ、こっちのものにならないから、台湾界隈の枝線を取って仕舞うという考で、それを罷《まかり》ますために保護金を3万8千円ほど増してやらす積りで、それで皆で80万円ほどになりました。ところがこれは1箇年1箇年に計画を致しまするると、陸上の設備を会社でしないで詰りどんな目に逢うか分らない。それで、小蒸気、桟橋、倉庫。これらは少しも香港にも汕頭、厦門、福州にも無い。皆な人の物を借りて居る。陸上の設備は皆借りて居るのであるから、それが為に旨味はやはり元の通りに外国人に吸われて居る。こういう有様であるから、これをやろうと思って5年の継続年限を要求いたしたのであります。

ところがどうも今年は台湾の風向きが悪うございまして、如何なるものか悪うございまして、この継続は勿論加えて、80万円の2割、16万円減ぜられた。甚だ困るのです。困るのですけれども、成るべくこの台湾の方に向ってのことは計画を取延べて、陸軍と関係の上に於て……実はその宇品に回《まわ》るというのも全く陸軍の為であります。それから、沿岸をグルグル回るのも、陸軍の軍隊の居る為に回るということになりますから、そんなことをどうにか相談を付けまして、今年は風向が悪うございますから仕方がございませぬから、この16万円減ぜられたところで、一つやって見ようという決心を致しました。

どうぞ、そう御承知置きを願います。何れ来年になりましたら、5箇年のことも或は80万円をもう少し増してでも、私共は台湾、支那沿岸と、日本と支那沿岸も、どうぞ日ノ丸の旗がもう少し沢山になるように希望して居る。それからジャワ、香港、上海、シンガポール辺までも、並びにフィリピンあたりにどうぞ延べて見たい。こう思って居る。殊《こと》にハワイ、フィリピンは、厦門を基礎に致しますと、厦門から出働きの人を送る、雑貨を送る、のでなかなか有望なものであろうと思います。唯、奈何《いかん》せん。この総督府が微力で、思い切って保護金を出せないのが残念であります。

質問　この予算外国庫の負担となるべき契約を要する件は削除になって居ります。これは年限の5箇年の継続を1年限りにしたので削ったのでありましょうが、これに附属して居る条件があります、これはやはり必要だろうと思いますが、これはどうなさる御積りでありますか。

答弁　政府委員（台湾総督府事務官　峡　謙斎）

唯今の御問にお答えいたしますが、この第二の条件の如きはこれは唯5箇年契約の協賛を求める積りでありましたので、全部削除になりましたが、茲《ここ》に条件として挙げてありますのは、これまで1年々々契約をしまする時にこれと同一の条件を付して、総督府だけでそれだけをやって行きました。５箇年の継続を削られたのでありますが、総督府で茲《ここ》に挙げてあります契約は結ばって行こうと思います。

答弁　国務大臣（男爵　児玉源太郎君）

これは茲《ここ》で削られましても、１年１年に総督の権限で約束して行くことが出来るから、削られても宜しうございます。

（後略）

［すべての議案は可決され、午後２時50分散会となった］

帝国議会議事堂の内部(国立国会図書館蔵)

帝国議会議事堂(国立国会図書館蔵)

明治34(1901)年	6月1日	台湾総督府専売局発足。もとの樟脳局、塩務局、製薬所がすべて専売局の管轄下に置かれる。
明治34(1901)年	9月	新渡戸稲造が「糖業改良意見書」を提出。
明治34(1901)年	10月25日	「台湾旧慣調査会規則」を公布。臨時台湾旧慣調査会を設置。
明治34(1901)年	11月	児玉が各界の人士を集めて殖産興業に関する演説を行ない、糖業を中心として広範な民間産業に対する保護奨励を行なうことを内外に表明する。
明治34(1901)年	10月27日	「台湾神社」鎮座式を挙行。
明治35(1902)年	6月	新渡戸の意見書に基づき「台湾糖業奨励規則」発布。糖業奨励のため臨時台湾糖務局が設置される。
明治36(1903)年		この年の末日をもって旧式の度量衡が禁止される。(明治33年に公布された台湾度量衡条例に基づく)
明治37(1904)年	5月20日	「大租権整理令」公布。「一田多主」現象の消滅を企図。
明治38(1905)年	10月1日	「臨時台湾戸口調査」実施
明治41(1908)年	4月	台湾縦貫鉄道全線開通

児玉総督時代の台湾治政（参考 台湾史小事典）

明治31(1898)年	2月26日	児玉源太郎が第4代台湾総督に就任。同年3月2日後藤新平が民政局長に就任。
明治31(1898)年	5月1日	対立していた『台湾新報』と『台湾日報』を合併し、『台湾日日新報』が発行される。
明治31(1898)年	6月20日	総督府官制を変更し、地方制度を3県(台北、台中、台南)3庁(宜蘭、台東、澎湖)に改め、その下の44の弁務署を管轄。
明治31(1898)年	6月20日	三段警備制を廃止。(警察力の強化へ)
明治31(1898)年	6月30日	総督府病院を改め正式に「台北病院」とする。
明治31(1898)年	7月19日	「台湾地籍規則」と「台湾土地調査規則」を公布。
明治31(1898)年	7月28日	公学校と小学校の制度を公布。
明治31(1898)年	7月28日	林火旺が部下300人余を率いて帰順。「土匪帰順」の第1号。
明治31(1898)年	8月31日	「保甲条例」を公布。
明治31(1898)年	9月5日	「土地調査局」が正式に活動を開始。
明治31(1898)年	11月5日	「匪徒刑罰令」を公布。
明治32(1899)年		明治32年度の予算請求とともに「財政20箇年計画」を発表。
明治32(1899)年	3月22日	「台湾事業公債法」を公布。
明治32(1899)年	4月1日	「総督府医学校」設立。
明治32(1899)年	4月26日	食塩専売開始。樟脳についても同年専売制度が開始されている。
明治32(1899)年	8月	「台湾窮民救護規則」を公布。
明治32(1899)年	9月26日	台湾銀行が正式に開業。
明治32(1899)年	10月2日	「台北師範学校」開校。
明治33(1900)年	1月8日	総督府鉄道局発足。民政長官後藤新平が部長を兼任。長谷川謹介が技師長に就任。
明治33(1900)年	12月10日	三井財閥の投資による「台湾製糖株式会社」創立。

略年譜

㊟明治5年までは太陰暦、年齢は数え年

年号（西暦）	年齢	主な事項
嘉永5（1852）年	1	○閏2月25日（太陽暦4月14日）　徳山藩士・児玉半九郎忠碩の長男として生まれる。
安政3（1856）年	5	○10月19日　父半九郎死去（享年46歳）、浅見次郎彦を養嗣子として児玉家を相続。
安政6（1859）年	8	○7月　藩校・興譲館に入門。
元治元（1864）年	13	○8月12日　次郎彦暗殺（享年23歳）。児玉家家名断絶。
慶応元（1865）年	14	○7月13日　家名復興し、中小姓となる（禄高25石）。元服して「源太郎忠精」を名乗る。
明治元（1868）年	17	○9月22日　献功隊二番小隊半隊司令士として出陣。
明治2（1869）年	18	○5月18日　箱館戦争終結。 ○9月4日　京都二条河東練兵場の仮兵営に入営。
明治3（1870）年	19	○6月2日　大隊第六等下士官に任官。
明治7（1874）年	23	○2月23日　佐賀の乱に出征し重傷（福岡の仮病院で療養）。 ○4月　大阪に移り療養。 ○8月22日　熊本鎮台准官参謀。 ○10月17日　岩永マツと結婚。
明治8（1875）年	24	○10月8日　母モト死去（享年64歳）。
明治9（1876）年	25	○10月24日　神風連（敬神党）の乱鎮圧に活躍。

明治10（1877）年	26	○2月 西南戦争始まる。熊本城に籠城し、のちに各地を転戦。 ○9月 西南戦争終わる。 ○12月31日 乃木希典、夕刻より児玉の寓居で夜を徹して書画に興じ元旦の暁に帰る。夜が明けるとそれぞれ拝賀のため鎮台に出向く。
明治11（1878）年	27	○2月25日 近衛局出仕。
明治13（1880）年	29	○4月30日 東京鎮台歩兵第二連隊長兼佐倉営所司令官（明治18年までの5年間佐倉で連隊長として過ごす）。
明治18（1885）年	34	○5月26日 参謀本部管東局長。 ○7月24日 参謀本部第一局長（出師計画・団隊編成布置・軍隊教育）。
明治19（1886）年	35	○9月30日 兼陸軍大学校幹事。
明治20（1887）年	36	○6月3日 監軍部参謀長。 ○10月24日 陸軍大学校長を兼務。
明治21（1888）年	37	○7月 市ヶ谷薬王寺前町の土地153坪購入し、自宅を建てる。
明治23（1890）年	39	○11月12日 徳山毛利家当主・毛利元功公に家計の窮状を訴え、元功を介し宗家・毛利元徳公から1万円の借金（明治27年11月債務免除してもらう）。
明治24（1891）年	40	○10月25日 軍事視察のため欧州へ向け出発。
明治25（1892）年	41	○8月 ドイツ、ロシア等5か国を視察し帰国。 ○8月23日 陸軍次官・陸軍省軍務局長（明治31年1月まで）。
明治27（1894）年	43	○8月 日清戦争始まる。

明治28（1895）年	44	○4月1日　臨時陸軍検疫部長。後藤新平を事務官長に抜擢し凱旋軍23万人検疫に成功。 ○6月27日　臨時台湾電信建設部長、臨時台湾灯標建設部長。 ○6月29日　台湾事務局委員。 ○9月頃　赤十字病院に泊まり込み桂太郎を日夜看護する。 ○11月14日　臨時広島軍用水道布設部長。
明治29（1896）年	45	○2月3日　脳いっ血で倒れる（鎌倉にて静養）。 ○4月27日　軍務に復帰。
明治30（1897）年	46	○1月16日　英照皇太后大喪使事務官を兼務（この時に下賜された御内帑金を活用し郷土に明治36年、児玉文庫を設立）。 ○10月　威海衛・天津・上海視察（大阪商船長崎支店長だった甥の文太郎《34歳》も同行）。
明治31（1898）年	47	○1月14日　第三師団長（名古屋）。 ○2月26日　台湾総督。 ○3月28日　台湾着任。 ○7月17日　台北での饗老典に出席。 ○9月　台湾土地調査事業開始（～明治38年3月）。
明治32（1899）年	48	○3月　台湾事業公債法発布。
明治33（1900）年	49	○6月　北清事変（清、列強各国に宣戦布告。8カ国の共同出兵により鎮圧）。 ○8月24日　厦門事件。 ○8月28日　台湾から厦門へ陸軍部隊を派遣するも、政府の命令で作戦中止。 ○8月30日　台湾総督の辞表提出（9月11日却下。天皇勅語）。 ○12月17日　東京に向け台北出発。 ○12月23日　陸軍大臣兼務（第四次伊藤内閣、桂太郎の後任として）。

明治34（1901）年	50	○2月　新渡戸稲造を総督府技師として招聘。 ○5月14日　長男秀雄、寺内正毅・長女澤子と結婚。 ○11月　台湾殖産興業大方針訓示。
明治35（1902）年	51	○2月14日　貴族院予算委員会で答弁。 ○3月27日　陸軍大臣辞任。 ○5月22日　台湾に帰任。 ○12月5日　台湾より上京。（この年、後藤新平民政長官、新渡戸稲造を同行して5月25日から12月14日まで世界一周の視察旅行）
明治36（1903）年	52	○1月23日　児玉文庫開庫式に出席（徳山）。 ○4月　京都で、桂・伊藤の調停に努める。 ○5月　伊藤博文に政治上の絶交宣言。 ○6月19日　欧州、南アフリカ、アメリカへの出張命令。 ○6月　成城学校校長（～明治39年7月）。 ○7月15日　内務大臣。 ○7月17日　文部大臣兼任。 ○8月7日　欧州、南アフリカ、アメリカへの出張取り止め。 ○9月22日　免文部大臣。 ○10月10日　首相官邸を訪ね参謀本部次長就任を直訴。 ○10月12日　参謀本部次長。 ○10月16日　参謀本部各部長を晩餐会に招き早期開戦論を唱える。

明治37（1904）年	53	○2月　日露戦争始まる。 ○6月20日　満州軍総参謀長。 ○7月6日　満州へ向け東京出発。 ○12月1日　旅順の第三軍司令部到着、乃木希典と会談。その後、第三軍の実質的な指揮を執る。 ○12月5日　二〇三高地陥落。
明治38（1905）年	54	○2月22日　奉天会戦（～3月10日）。 ○2月27日　長男・児玉秀雄、満州軍総司令部来訪。 ○3月28日　戦況奏上のため奉天より帰京。 ○4月　政府首脳の主戦派に早期講和を説く。 ○5月5日　奉天に向け東京出発。 ○9月4日　奉天で後藤新平と会談（～5日）。 ○12月7日　東京に凱旋。 ○12月29日　台湾に帰任。
明治39（1906）年	55	○1月24日　台湾より帰京。 ○1月　満州経営委員会委員長。 ○4月11日　参謀総長、免台湾総督。 ○5月22日　満州問題に関する協議会。 ○7月13日　南満州鉄道株式会社設立委員長。 ○7月23日　死去。 ○7月28日　青山練兵場において葬儀。

居住地の変遷

嘉永5（1852）2.25 ～ 明治元（1868）9.22	徳山
明治元（1868）9.22 ～ 明治2（1869）6.2	戊辰戦争に従軍 （秋田、青森、箱館）
明治2（1869）6.2 ～ 明治2（1869）8.6	東京
明治2（1869）8.6 ～ 明治2（1869）11.5	京都
明治2（1869）11.5 ～ 明治7（1874）9.7	大阪
［うち明治3（1870）2 ～ 3］　脱退騒動鎮定のため山口に出征	
［うち明治7（1874）2 ～ 4］　佐賀の乱に出征して重傷を負い、福岡の仮病院で療養	
明治7(1874) 9 ～ 明治11（1878）2	熊本
明治11（1878）2 ～ 明治13（1880）4	東京（麹町富士見町官舎）
明治13（1880）4 ～ 明治18（1885）5	千葉県佐倉
明治18（1885） 6 ～ 明治31（1898）1	東京（麹町3番地、靖国神社千鳥ヶ淵付近の参謀本部官舎から、明治21（1888）、牛込市ヶ谷薬王寺前町30番地に自宅を新築して転居）
［うち明治24（1891）10 ～ 明治25（1892）8］　欧州海外出張	
明治31（1898）1 ～ 明治31（1898）2	名古屋（第三師団長）
明治31（1898）3 ～ 明治33（1900）12	台北
明治33（1900）12 ～ 明治35（1902）5	東京（陸軍大臣）
［うち明治34（1901）10 ～ 12］　台湾にて執務］	
明治35（1902） 5 ～ 明治36（1903）3	台北
明治36（1903）3 ～ 明治39（1906）7.23	東京
［うち明治37（1904）7 ～ 明治38（1905）12.7］　満州へ出征 ＊ただし明治38（1905）3.28 ～ 5.5　一時帰国	

《主要参考文献一覧》

◆児玉源太郎関係

・生出寿『謀将児玉源太郎』（徳間文庫、１９９２年）
・大澤博明『児玉源太郎　明治陸軍のリーダーシップ』（山川出版社、２０１４年）
・大橋広宣『月刊まるごと周南』（シティケーブル周南、２００８年４月号、２００９年12月号、２０１０年１月号、２０１３年３月号、２０１４年３月号・12月号）
・小川宣『児玉源太郎と徳山　生誕百五十年記念』（小川宣、２００３年）
・小川宣『児玉源太郎と徳山　付　台湾総督時代の逸話』（小川宣、２００３年）
・加登川幸太郎『名将　児玉源太郎』（日本工業新聞社、１９８２年）
・加登川幸太郎『児玉源太郎にみる大胆な人の使い方・仕え方』（日新報道、１９８５年）
・神川武利『児玉源太郎　日露戦争における陸軍の頭脳』（ＰＨＰ研究所、２００４年）
・河内山謙司『六十四歳の児玉源太郎』（河内山謙司、２００４年）
・児玉源太郎顕彰会編刊『藤園　児玉源太郎顕彰会会報』第１号〜第５号（２０１６〜２０２０年）
・児玉秀雄編『藤園記念画帖　児玉源太郎十三回忌記念』（マツノ書店、２０１０年）
・小林道彦『児玉源太郎　そこから旅順港は見えるか』（ミネルヴァ書房、２０１２年）
・周南市教育委員会『児玉源太郎資料調査報告書』（周南市教育委員会、２０２０年）

・周南市美術博物館編刊『児玉源太郎と近代国家への歩み展　日本の進路を託された男』（２０１１年）
・周南市美術博物館蔵『児玉家文書』
・宿利重一『兒玉源太郎』（マツノ書店、１９９３年）
・尚友倶楽部児玉源太郎関係文書編集委員会編『児玉源太郎関係文書』（尚友倶楽部、２０１５年）
・杉山茂丸『児玉大将伝』（中央公論社、１９８９年）
・辰本清隆編集『月刊　歴史街道』（ＰＨＰ研究所、２００９年２月号・２０１１年３月号・２０１２年７月号・２０１４年５月号、７月号・２０１６年５月号）
・谷川桜太郎『児玉源太郎　日本と台湾を愛した武士』（ＮＰＯ・ふるさと日本プロジェクト、２００５年）
・長南政義『児玉源太郎』（作品社、２０１９年）
・徳山市美術博物館編刊『児玉源太郎とその時代展』（１９９９年）
・長田昇『兒玉源太郎』（「児玉源太郎」出版記念委員会、２００３年）
・中西輝政『日本人として知っておきたい近代史　明治篇』（ＰＨＰ研究所、２０１０年）
・中村謙司『史論　児玉源太郎　明治日本を背負った男』（潮書房光人社、２０１７年）
・中村晃『大軍師　児玉源太郎』（叢文社、１９９３年）
・濤川栄太『日本人の生き方　児玉源太郎と歴史に学ぶ「生き残る道は必ずある！」』（文芸社、２０００年）
・博文館編『兒玉陸軍大将』（マツノ書店、２００５年）
・古川薫『天辺の椅子』（毎日新聞社、１９９２年）

・古川薫『斜陽に立つ』（毎日新聞社、2008年）
・三波春夫『熱血！日本偉人伝　歴史に虹をかけた人たち』（集英社インターナショナル、2000年）
・三戸岡道夫『児玉源太郎　明治陸軍の巨星』（学習研究社、2002年）
・森山守次　倉辻明義『兒玉大将傳』（星野錫、1908年）
・吉武源五郎編『児玉源太郎十三回忌寄稿録』（マツノ書店、2010年）
＊『児玉藤園将軍』（拓殖新報社）『児玉藤園将軍逸事』（横沢次郎著、新高堂書店）の合本復刻

◆その他

・浅田雅文『日露近代史　戦争と平和の百年』（講談社、2018年）
・安藤照『お鯉物語』（福永書店、1927年）
・飯倉章『黄禍論と日本人　欧米は何を嘲笑し、恐れたのか』（中央公論社、2013年）
・井沢元彦『逆説の日本史 24 明治躍進篇　帝国憲法と日清開戦の謎』（小学館、2018年）
・井沢元彦『逆説の日本史 25 明治風雲篇　日英同盟と黄禍論の謎』（小学館、2020年）
・伊藤潔『台湾　四百年の歴史と展望』（中央公論社、1993年）
・伊藤之雄『伊藤博文　近代日本を創った男』（講談社、2009年）
・井上寿一『山県有朋と明治国家』（NHK出版、2010年）
・戎義俊『日本精神　日台を結ぶ目に見えない絆』（海鳥社、2018年）

・岡崎久彦『小村寿太郎とその時代』（ＰＨＰ研究所、１９９８年）
・岡本隆司『世界のなかの日清韓関係史』（講談社、２００８年）
・小川宣 他『周南地方歴史物語』（瀬戸内物産出版部、１９８０年）
・片倉佳史『台湾に生きている「日本」』（祥伝社、２００９年）
・北岡伸一『明治維新の意味』（新潮社、２０２０年）
・桑原嶽『乃木希典と日露戦争の真実　司馬遼太郎の誤りを正す』（ＰＨＰ研究所、２０１６年）
・呉密察　原著監修『台湾史小事典　第三版』（中国書店、２０１６年）
・講談社総合編集局『週刊ＹＥＡＲ ＢＯＯＫ 日録20世紀 １９００～１９０６』（講談社、１９９８年）
・黄文雄『台湾は日本の植民地ではなかった』（ワック、２００５年）
・黄文雄『哲人政治家　李登輝の原点』（ワック、２０１１年）
・小林道彦『近代日本と軍部』（講談社、２０２０年）
・兼原信克『歴史の教訓　失敗の本質と国家戦略』（新潮社、２０２０年）
・郷仙太郎『小説　後藤新平』（学陽書房、１９９７年）
・蔡焜燦『台湾人と日本精神』（小学館、２００１年）
・三民書局股份有限公司『詳説台湾の歴史　台湾高校歴史教科書』（雄山閣、２０２０年）
・司馬遼太郎『坂の上の雲　３～８』（文藝春秋、１９９３年）
・司馬遼太郎『台湾紀行　街道をゆく40』（朝日新聞社、１９９７年）

・司馬遼太郎『週刊　街道をゆく　台湾紀行』（朝日新聞社、２００５年）
・詳説日本史図録編集委員会『山川　詳説日本史図録』（山川出版社、２０１４年）
・杉森久英『大風呂敷』（集英社、１９８９年）
・田中彰『幕末の長州』（中央公論社、１９６９年）
・徳山市史編集委員会『徳山市史上』（徳山市、１９８４年）
・徳山市史編集委員会『徳山市史下』（徳山市、１９８５年）
・徳山市史編集委員会『徳山市史資料中・下』（徳山市、１９６８年）
・鶴見祐輔『正伝・後藤新平　3台湾時代１８９８～１９０６年』（藤原書店、２００５年）
・鶴見祐輔『正伝・後藤新平　4満鉄時代１９０６～０８年』（藤原書店、２０２０年）
・中村隆英『明治大正史　上・下』（東京大学出版会、２０１５年）
・西尾幹二『市販本　新しい歴史教科書』（扶桑社、２００１年）
・福屋利信『台湾の表層と深層』（太陽出版、２０１７年）
・藤本和哉『山川　詳説世界史図録』（山川出版社、２０１４年）
・古川薫『幕末長州藩の暗闘』（徳間書店、１９９１年）
・三島由紀夫『豊饒の海（二）奔馬』（新潮社、１９７７年）
・南塚信吾『連動する世界史　19世紀世界の中の日本』（岩波書店、２０１８年）
・宮脇淳子『世界史のなかの満州帝国』（ＰＨＰ研究所、２００６年）

・矢内原忠雄『帝国主義下の台湾』（岩波書店、２００１年）
・山内昌之、細谷雄一編著『日本近代史講義　成功と失敗の歴史に学ぶ』（中央公論社、２０１９年）
・山口県立山口博物館『長州藩　幕末維新の群像』（山口県刊行普及物協会、１９９１年）
・山室信一『日露戦争の世紀　連鎖視点から見る日本と世界』（岩波書店、２００５年）
・吉田紗美子『沢瀉の紋章の影に』（地橙孫顕彰会事務局、２０１９年）
・吉村昭『ポーツマスの旗　外相・小村寿太郎』（新潮社、１９８３年）
・横手慎二『日露戦争史　20世紀最初の大国間戦争』（中央公論社、２００５年）
・渡部昇一『渡部昇一の日本内閣史』（徳間書店、２０１５年）
・渡辺利夫『新　脱亜論』（文藝春秋、２００８年）
・渡辺利夫『台湾を築いた明治の日本人』（産経新聞出版、２０２０年）
・渡辺利夫『後藤新平の台湾　人類もまた生物の一つなり』（中央公論社、２０２１年）

【著　者】

木村 健一郎（きむら・けんいちろう）

昭和27年(1952)8月20日 山口県周南市(旧徳山)生まれ。昭和51年（1976）早稲田大学法学部卒業。元司法書士・土地家屋調査士・行政書士。青年会議所や商工会議所活動を通じて市町村合併運動に取り組んだことをきっかけに、政治の世界に入る。
平成15年～19年（2003～07）山口県議会議員。平成23年～31年（2011～19）周南市長を2期務め、数々の実績を残す。児玉源太郎の顕彰や台湾との友好親善にも尽力した。

台湾《たいわん》を目覚《めざ》めさせた男《おとこ》
児玉源太郎《こだまげんたろう》

令和三年七月二十四日　初版発行
令和三年八月　十六　日　二刷発行

著　者　木村健一郎
発行者　田村志朗
発行所　㈱梓書院
福岡市博多区千代三―二―一
電話〇九二―六四三―七〇七五

印刷・製本／亜細亜印刷

ISBN978-4-87035-719-8